명리학에 길을 묻다

일러두기
* 인터뷰 현장감을 살리기 위해 국어 문법을 벗어나는 표현도 허용하였습니다.
* 인터뷰 순서는 가나다순 기준이지만 배경 설명을 위해 김성태 선생님 인터뷰를 가장 먼저 실었습니다.
* 제이선생님은 인터뷰를 진행한 저자 송민정의 필명입니다.

명리학에 길을 묻다
삶과 운명에 대하여

「하루 한 장, 명리」
제이선생님 대담

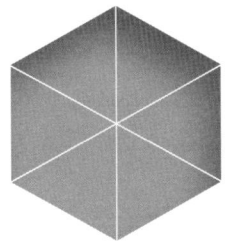

moRan

추천사

학과 술, 연구와 실천을 담보하는 노력

신정원(원광디지털대학교 동양학과 교수)

명리학을 가까이 하려면 오묘함과 애매함을 견뎌야 한다. 어떤 이는 명리 서적을 끼고 공부로 친해지기도 하고, 어떤 이는 스승에게 배우면서 익히기도 하는데, 아무리 순수하게 학문적으로만 접근하려 해도 실제 현장의 이끌림을 거부하기 어려운 것이 명리의 '학'과 '술'의 묘미이다. 나도 이와 같은 매력에 이끌려서 명리의 현장에서 소리 내 간명해 보기도 하고 강단에 서서 이론을 설파하기도 하였다. 이러한 오묘함과 그 이끌림이 나와 제이선생을 이어준 첫 번째 인연이었지 싶다.

내가 원광디지털대학교 동양학과에서 가르치는 여러 명리 과목 중에 〈현대명리학탐방〉이란 수업이 있다. 이 과목은 책 속의 이론뿐 아니라 현장의 목소리를 담기 위해 기획되었다. 마치 강호열전처럼 전문 술사를 직접 찾아 탐방하고 그들의 살아온 이야기와 실전의 경험을 들어보는 수업이었다. 그러한 기획이 제이선생을 매료시켰나 보다.

제이선생과의 인연은 온라인 강의의 한계로 일방적인 관계에 그칠 뻔하였다. 〈현대명리학 탐방〉이라는 과목이 이 인연을 온라인에서 현실로 이어지게 만든 연결고리였던 것 같다. 이 책의 첫 장인 창광선생 편에 쓴 것처럼 그 과목에서 받은 영감이 있어 이 인터뷰들이 성사되었다. 현세에 미미한 만남도 억겁의 인연이 쌓여서 이루어진 것이라 하는데, 이 또한 개인적으로 각별해지기에는 역시 부족함이 있다.

한번은 제이선생의 유튜브 채널에서 인터뷰를 하자는 요청을 받았다. 학교나 강의와 관련된 일을 제외하고는 대중에 나서는 것이 많이 어색하고 불편했던 나는 두 번 생각하지도 않고 거절하였다. 왜 그런지는 모르겠는데 그 후로 마음이 이상하게도 불편하였다. 잘 지내는지, 혹시 나의 거절로 상처를 받은 건 아닌지 계속 마음이 쓰였다. 그렇게 또 몇 년이 흘렀고 기억에서 흐려질 무렵 다시 연락이 왔다. 이 책의 원고를 들고 나를 찾아왔는데, 그것이 실제로는 첫 대면이었다. 많이 반가웠고 또 이렇게 책을 낸다고 하니 명리를 하면서 훌륭히 성취를 해내고 있는 제자가 너무 고마웠다.

명리에 관심을 가지고 공부하는 제자는 해마다 늘어간다. 늘 그들의 열정과 노력이 사그라지지 않고 올곧게 끝까지 이어지기를 바라는 마음으로 노심초사 지켜보고 있다. 그 와중에 제이선생과 같이 하나씩 매듭을 지어가는 제자를 마주하는 것은 커다란 보람이자 축복이다. 실제 마주한 제이선생은 부드러워 보이는 겉모습과 달리 가볍지도 얕지도 않았다. 사람은 가진 것을 내려놓을 줄 알아야 새로운 것을 손에 넣을 수 있는데, 제이선생에게는 그런 강단과 담대함이 있었다. 그것이 제이선생을 다시 보게 만든 계기였다. 더군다나 일반인들은 물론 명리학을 공부하는 이들조차 다 만나보기 어려운 9인을 한 책에 다 모은 열정도 기특했다.

명리학을 가까이하여 수십 년을 명리의 강단과 강호를 넘나드는 동안 깊은 회의감에 빠지기도 했고 중간에 포기할 뻔한 경험도 여러 번 있었다. 수천 년의 역사에서 과학과 철학이 융합하고 사회와 문화가 반응하여 이뤄낸 것이 지금의 명리학이다. 옛 명리 서적을 읽다 보면 명리를 구류지학(九流之學)으로 여겨 연구한 것을 숨기기도 하였고 방문좌도(旁門左道)로 비난받는 것이 두려워 몰래 공부하였다고도 쓰고 있다. 비록 현대 명리학이 이룬 학술적 문화적 가치가 적지 않음에도 한국의 명리 연구자들이 마주한 현실은 과거 서적에서 선배들이 말한 씁쓸함과 크게 달라지지 않았다.

모르는 것에 대해 끝까지 파고들어 연구와 실천을 그치지 않는 노력이 명리학자에게 요구되는 필수 자질이다. 앞으로도 명리 연구자의 길이 녹록지만은 않을 것이다. 학계에서 업적을 남길 수도, 업계에서 실력을 발휘하고 인정받을 수도 있다. 무엇이 되었든 처음 가졌던 열정과 애정을 잊지 말고 끝까지 바르게 성취해 나가기를 응원한다.

프롤로그

명리학에 중독되다

헤어 나올 길 없는

궁금한 것이 생기면 밤잠을 설치는 사람, 생각이 꼬리에 꼬리를 무는 사람, 무언가를 시작하면 끝을 보고 싶은 의지가 들끓는 사람. 이 세 가지 유형 중 자신에게 해당하는 것이 하나라도 있다면, 명리 공부를 하는 것에 대해 다시 한번 깊이 고민해 보시기 바랍니다. 명리학에 중독될 소지가 다분한 분들이기 때문입니다. 명리 공부에는 치명적인 매력이 있습니다. 그 매력에 한번 빠져들게 되면 중독의 늪에서 헤어 나오기가 좀처럼 쉽지 않습니다.

나를 돌이켜 보자면, 궁금한 것이 생기면 밤잠을 설치는 사람입니다. 생각이 꼬리에 꼬리를 물어 둥둥 떠다닙니다. 시작하면 끝을 보고 싶은 마음이 굴뚝같은 사람입니다. 불행인지 다행인지 나는 명리학에 심각하게 중독된 상태입니다. 명리학으로 이 공부를 시작했지만, 동양의 다양한 학문과 연결되면서 중독의 상태는 더욱 심각해졌습니다. 약도 없고, 답도 없습니다. 중독의 시작은 10여 년 전이었습니다.

명리학? 이거 궁금한데?

 10여 년 전 동생을 따라 유명하다는 철학관에 갔습니다. 처음 사주를 보았던 경험입니다. 그때 나는 '점을 보러 간다'라는 표현을 썼습니다. 점을 보는 곳의 이름이 '철학관'이라는 것이 의아했습니다. '철학'은 고상한 학문이고, '사주팔자를 보는 것'은 흥미에 지나지 않는 미신이라 여겼습니다.

 처음 간 철학관은 부산 온천장에 있는 다 쓰러져 가는 건물 2층에 있었습니다. 건물 건너편에 성당이 있어서 고개를 푹 숙이고 건물로 냅다 뛰어들었습니다. 나는 가톨릭을 사랑하지만 게으름으로 성당에 가지 않는 가톨릭 신자입니다. 아무리 냉담 중이라지만, 무언가 죄를 크게 짓는 느낌 때문에 심장이 쿵쾅거렸습니다. 가톨릭 신자의 의무를 다하지 않은 것에 대한 죄책감 30, 아무도 나를 알아보는 사람이 없기를 바라는 마음 70을 손끝에 담아 성호를 그으며 계단을 올랐습니다.

 좁고 낡은 계단에서는 향냄새가 진하게 풍겼습니다. 무언가 엄청난 것이 기다리고 있을 것만 같은 두려움이 엄습해 왔습니다. 한복을 곱게 차려 입은 부채 든 여인이 나를 노려볼 것만 같은 상상이 스멀스멀 올라왔습니다. 하지만 철학관 문을 열었을 때, 고개를 갸우뚱하지 않을 수 없었습니다. 내부에는 책들이 보기 좋게 정돈되어 있었습니다. 사주를 보는 선생님은 말끔한 차림을 한 중년남성이었는데, 컴퓨터가 놓인 책상 앞에 앉아 있다가 우리가 들어서자 반갑게 맞아 주었습니다. 강의하던 흔적이 남아 있는 칠판이 눈에 띄었습니다. 학구적인 분위기를 풍기는 그 공간이 나쁘지 않게 여겨졌고, 긴장을 풀어도 되겠거니 생각하였습니다.

책상을 사이에 두고 마주 앉아 상담이 진행되었습니다. 동생과 나는 예의 바르게 두 손을 무릎에 두고 생년월일시를 불러드렸습니다. 한자를 휘갈기며 뭔가를 써 내려가지 않을까 예측했으나, 이 선생님은 컴퓨터 자판에 생년월일시를 입력하기 시작했습니다.

'뭐 하는 거지?'

사주팔자는 서기로 표현된, 태어난 순간의 연월일시를 옛사람들이 사용하던 부호체계로 나타낸 것에 불과합니다. 예전 같았으면 두꺼운 만세력을 일일이 뒤져가며 찾아냈을 테지만, 요즘은 컴퓨터나 핸드폰으로 순식간에 사주팔자를 볼 수 있습니다. 만세력이 뭔지 전혀 몰랐던 터라 인터넷 사주를 통해 힌트를 얻으려는 속셈인가 하는 의심이 생겨났습니다.

"언니 사주 먼저 봅시다. 가르치는 일 하시겠네요. 선생님이세요?"

'앗! 그걸 안다고?'

이전에 품었던 의심 가득한 생각은 순식간에 머릿속에서 사라졌습니다. 동생과 나는 눈이 휘둥그레지며 서로를 응시하였습니다. 이런 경험은 그날 이후에도 계속되었습니다. 어딜 가나 사주를 물으면, 선생님인지 물어봅니다. 명리학이 궁금해지기 시작했습니다.

'생년월일시만 넣었는데, 그걸 알 수 있다고?'

모래밭에서 콩알 줍기

고등학교 교사로 오래 근무하면서 '명리학'을 공부하는 동료 선생님들을 종종 볼 수 있었습니다. 학교에는 선생님들끼리 특정 주제로 연구하는 '전문적 학습 공동체' 활동이 있습니다. 이 활동에 학생들을 깊이 있게 이해하려는 목적으로 '명리학'을 공부하는 모임이 많이 있었습니다. 관심이 없을 때는 참 이상한 공부를 한다고 생각하며 지나쳤습니다. 관심이 생기고 나니, 그런 모임들도 예사롭게 보이지 않았습니다. 그 가운데에는 내가 참 많이 존경하는 동료 선생님도 계셨습니다. 내가 좋아하고 존경하는 선생님이 하는 공부라고 생각하니, 이 공부가 달리 보이기 시작했습니다. 관심을 보이는 나에게 선생님께서 책 한 권을 추천해 주셨습니다. 《나의 운명 사용 설명서》라는 책이었습니다.

'사주명리학은 타고난 명(命)을 말하고, 몸을 말하고, 길을 말한다. 그것은 정해져 있어서 어찌할 수 없는 것이 아니라, 그 길을 최대한 누릴 수 있음을 말해준다. 아는 만큼 걸을 수 있고, 걷는 만큼 즐길 수 있다.'

사주명리학에 대한 저자의 시각이 신선했습니다. 천간? 겁재? 상관? 정인? 그 책에 적혀 있는 생소하기 짝이 없는 단어들을 깊이 이해하고, 자유롭게 구사하고 싶은 욕심이 생겼습니다. 명리학 공부에의 중독으로 향하는 전조 기운이 스멀스멀 올라오던 때였나 봅니다. '중독 잉태기' 정도로 해두지요.

인터넷 서점에 판매하는 사주 명리 관련 책들을 거의 모두 구매하여 읽었습니다. 그때 내가 구매했던 책들은 대체로 2000년대에 쓰인 명리 서적들이었습니다. 지금 생각하면, 고전과 별개로 자기만의 견해가 녹아 있는 책들이 많았습니다. 명확한 개념은 일관되었지만, 각자의 목소리를 내는 책들을 쌓아 두고 읽으며 혼란이 가중되었습니다.

여러 책을 펼쳐 두고 정답을 찾아 헤매었습니다. 그러다 혼자 답을 구하는 것은 불가능하다는 것을 알게 되었습니다. 그때부터 유명한 명리 선생님들의 인터넷 강의를 도장 깨기처럼 하나둘 들어 나갔습니다. 공부가 다 된 것 같다가도 부족함이 보이고, 된 것 같다가도 논리적 비약이 심한 부분에서 계속해서 좌절하게 되었습니다.

그런 이유에서 나는 10년째 공부 중입니다. 아마 50년 후에도 공부 중일 것이라는 생각이 듭니다. 사실은, 이 공부의 대상이 '사람'이기 때문에 끝이 없는 것 같습니다. 사람과 세상을 알아가는 공부가 어떻게 '끝'이 있을 수 있을까요?

이 공부를 처음 할 때 막막함과 답답함은 모래밭에서 콩알을 줍는, 딱 그 느낌이었습니다. 콩알을 줍다가 어떤 날은 보석을 줍기도 하였습니다. 또 어떤 날은 알맹이 없는 껍데기만 줍기도 하였습니다. 공부가 넓어지기만 하고 깊어지지 않음에 답답함을 느끼던 때, 정규 학사과정으로 대학에서 명리학 강의가 있다는 사실을 알게 되었습니다.

원광디지털대학교 동양학과에 편입하여 공부한 것은 신의 한 수였습니다. 명리학 전통과 역사 및 동양철학과의 관계에 대하여 알게 되면서 이 공부의 진정한 가치에 매료당했습니다. '올인'해 보고 싶다는 마음이 솟구쳤습니다. '중독 심화기'라고나 할까요?

직업병인가? 내 팔자인가?

나는 술월(戌月)의 신금(辛金)으로 월지(月支)가 정인(正印)입니다. 상관합살(傷官合殺)에 상관패인(傷官佩印)의 사주 구조입니다. 무슨 말인가 싶지요? '상관'이라는 것은 나의 에너지를 방출하는 것이고, '정인'이라는 것은 내게 에너지가 들어오는 것입니다. 결국 끊임없이 배우고 끊임없이 말해야 하는 팔자입니다. 그러니 어디서 사주를 보든지, 선생님이냐는 소리를 듣는 거겠지요. 게다가 '재성'이 없는 팔자라 계획도 없고, 계산도 없고, 두서도 없고, 눈치도 없고, 결과도 없이 답답한, 좋게 말한다면 순수한(?) 나쁘게 말한다면 대책 없는(?) 스타일의 사람입니다.

직장 생활과 육아를 겸하는 것은 결코 쉬운 일이 아닙니다. 운명과도 같이 딸, 아들, 딸의 순서로 예쁜 세 아이를 낳았습니다. 남들 진학할 때 진학하고, 취직할 때 취직했습니다. 남들 결혼할 때 결혼했고, 아이를 낳을 때 낳았습니다. 그냥 평범한 삶이었습니다. 2016년 아들이 쓰러지기 전까지 나는 별다른 문제 없이 남들처럼 평범하게 살았던 것 같습니다.

2016년, 아들이 일곱 살이던 어느 날 밤이었습니다. 자고 있던 아이가 호흡이 곤란해지고 청색증이 왔습니다. 구급차를 불러 병원에 가는 동안에도 아이는 깨어나지 못했고 호흡이 고르지 못하였습니다. 호흡이 어려운 아이를 보면서, 나는 하늘이 무너지는 기분이 어떤 것인지 알았습니다. 자식의 아픔을 지켜보는 부모 마음을 어떤 말로 설명할 수 있을까요. 나는 그날 처음으로 '애끓는 마음'이 어떤 것인지 알게 되었습니다.

아들은 '롤란딕 뇌전증'을 진단받았습니다. 롤란딕 뇌전증은 유년기에 발병하며 주로 수면 중에 경련을 일으키는 질병입니다. 당시 연세 지긋하신 대학병원 교수님께서 엄마만 용감하게 옆에 있어 줄 자신이 있다면, 독한 약을 굳이 먹이지 않는 것이 어떻겠냐고 하셨습니다. 뇌전증 약은 뇌전증을 치료하는 치료제가 아니라, 뇌의 기능을 억제하여 경련을 눌러 주는 약이라고 하셨습니다. 나는 용감하게 버틸 수 있다고 자신했습니다. 다행히 아들은 씩씩했고, 온 가족이 함께 힘든 시간을 견뎌 냈습니다.

커가면서 아이의 병은 잠잠해졌습니다. 다시 일상은 평온해졌습니다. 이제 다 끝났나 보다 생각하던 2020년, 아들에게서 틱 증상이 나타났습니다. 아들은 잠도 잘 자지 못했고, 호흡을 편하게 하는 것도 어려웠습니다. 학교에 가는 것도 힘들어했습니다. 나는 직장을 휴직하고 아이를 돌보았습니다. 그 힘든 시기에 친정아버지가 돌아가셨습니다. 감내하기 힘든 일들이 연속하여 내게 벌어졌습니다.

불안이 엄습해 오기도 하고, 우울한 마음에 잠식되기도 하였습니다. 나를 버티게 해준 것은 '사람'과 '명리 공부'였습니다. 아이의 친구들과 그 친구의 엄마들. 항상 함께 고민해 주던 의사 선생님, 친정어머니와 동생들. 아이의 담임선생님과 상담 선생님, 보건 선생님 그리고 나의 동료 선생님들, 오랜 내 친구들이 보내 준 따뜻한 마음과 도움들은 흔들리는 나를 바로 세워 주었습니다. 그리고 무엇보다 너무나 씩씩하게 버텨 준 아이가 항상 내 곁에 있어 주었습니다. 남편과 두 딸이 자기 자리를 지켜 주었습니다. 내가 사람들을 살리는 줄 알았는데, 사람들이 나를 살리고 있었습니다.

힘든 가운데 틈틈이 명리 공부에 몰두했습니다. 들어오는 에너지 '정인'과 나가는 에너지 '상관'으로 세팅된 사람에게 습득하는 공부만 하는 일은 쉽지 않은가 봅니다. 비슷한 맥락에서, 누군가가 전해 주는 도움의 에너지만 받아들이고 있는 것이 힘들었나 봅니다. 코로나 시기 동안 학생들에게 수업하였던 방법으로 명리학 강의를 하나둘 만들었습니다. 그리고 그것을 '유튜브'라는 플랫폼에 올려 보았습니다. 배운 것을 가르쳐 주고 싶었고, 받은 마음을 다시 나누고 싶었습니다. 참, 팔자 모양 그대로네요.

선무당이 사람 잡는다

수줍음이 많은 내가 유튜버가 되는 것에 대해 상상이나 했을까요? 명리 공부에 대한 몰입과 사람들에 대한 감사로 충만해진 나는 에너지의 발산이 필요했습니다. 발산하는 에너지로 떠들다 보니 어느덧 명리 강의는 백 개가 되고, 이백 개가 되었습니다. 이 시기 나는 자신감으로 충만하여 강의를 진행하였습니다. 내가 알고 있는 것이 명리학의 기본 틀이라 생각했었지요.

내가 사주를 제일 잘 보던 때는 공부를 시작하고 2개월쯤 지난 때인 것 같습니다. 그때 사주 상담사 1급의 민간 자격증을 취득하였습니다. 자격증 따는 일은 한 달 만에도 가능합니다. 그만큼 큰 의미를 부여할 수 없다고도 할 수 있겠지요. 그 자격증을 등에 업고 지인들의 사주를 봐주기 시작하였습니다. 자신감이 넘쳐흘렀고, 나도 모르게 확신의 말들을 마구마구 쏟아내고 있었습니다. 10년 넘게 팔지 못하고 있던 친정 시골집이 팔리는 시기를 대충 말하였는데, 정확하게 그 시기에 집을 매도하는 일도 생겼습니다. 지금 생각하면, 그때 내가 사주를 보던 실력은 A형은 소심하다는 혈액형 테스트와 유사한 수준이었습니다. 명리 공부는 하면 할수록 어렵습니다.

모래밭에서 콩알을 줍던 기분으로 공부를 하였기 때문에, 조금이라도 체계화된 정보를 전달하고 싶다는 욕심이 생겼습니다. 이 매력적인 공부를 많은 사람이 어렵지 않게 접근하면 좋겠다는 마음이었습니다. 그러한 마음에서 학생들과 수업할 때처럼 강의 당 학습지를 하나씩 만들어 올리면서 강의했습니다. 그래서 유튜브 채널 이름도 〈하루 한 장, 명리〉입니다.

열심히 유튜브에 강의를 올리다가, 고서를 접하기 시작하면서 스스로에 대한 의문이 일었습니다. 지금껏 나는 코끼리 코만 만져 보고, 코끼리는 기다란 튜브 같은 것이라고 확신하며 떠들었던 게 아닌가 하는 생각을 하게 되었습니다. 내 공부가 조금 더 신뢰를 바탕으로 정교해져야만 한다고 생각하여, 잘 이어 나가던 유튜브 강의를 일순간에 중단하게 되었습니다.

명리 공부는 생각 이상으로 심오하고 어렵습니다. 30년, 40년 공부하고 상담해 온 선생님들께서도 자신을 소개할 때 '술사(術士)'라 자칭하십니다. 그런데 나는 '학자(學者)'인 냥 떠들었던 것 같습니다. 지나친 자신감으로 유튜브 영상을 찍어 올린 것에, 새삼 부끄러움이 밀려왔습니다.

그때까지만 해도 현대 서적만 접하였지, 역학 관련 필독서라 불리는 책들을 진지하게 독파한 적이 없었습니다. 비판 대상에 대하여 잘 알지 못하면서, 전해들은 이야기로 고서를 비판부터 하였습니다. 고서와의 차이점을 명확하게 인식하지 않은 상태에서 명리학이 현대적으로 바뀌어야 한다고 말하는 오만함을 보였습니다. 또 상담을 통한 확인과 검증의 중요성을 놓치고 있었습니다. 무료 상담 채팅방을 개설하여 익명으로 상담을 이어오긴 하였으나, 그 정도 경험만으로 확신에 차 떠든 것에 반성하는 마음이 밀려들었습니다.

모래밭에서 콩알을 찾는 기분으로 공부를 해왔는데, 나 역시 여기 서서 모래알들을 흩날리고 있는 느낌이었습니다. 선무당이 사람 잡는다는 속담이 계속해서 머릿속을 맴돌았습니다. 스스로에 대한 이해와 공부에 대한 점검과 앞으로의 계획이 필요했습니다. 저명한 선생님들의 조언과 견해를 들어 보고 싶어졌습니다. 변화가 간절한 시점이었습니다. 말 그대로 '중독 대(大)

혼돈기'였습니다.

멀리 보다, 여행의 시작

2021년 여름 방학, 세 아이를 남편에게 맡기고 2박 3일 동안 서울로 여행을 떠났습니다. 오랜 기간 온라인으로만 뵙던 선생님들을 직접 뵙는 것이 목적인 여행이었습니다. 기차와 호텔을 예약하고 짐을 챙기며 설레는 마음을 감출 수 없었습니다. 나 혼자, 내가 좋아하는 일로 여행하는 것은 결혼 이후 처음 있는 일이었기 때문입니다.

첫 번째 목적지는 〈인문학 놀이터〉 화풍정 선생님이 계신 곳이었습니다.
여름은 뜨거웠고 망원시장의 열기는 강렬했습니다. '멀리 보다'라고 적힌 글이 출입문에 걸려 있었습니다. 여름 망원시장 열기만큼이나 강렬하게 다가오는 붉은색 간판이었습니다.
'멀리 보다'
2박 3일이라 생각하였던 여행이 2년 이상 이렇게 멀리까지 이어질 시작은 그 작은 출입문을 여는 순간부터였습니다. 심호흡을 크게 하고 문을 열었습니다. 사실, 아주 많이 긴장하고 있었습니다.
선생님의 강의실과 상담실은 깔끔하고 잘 정돈되어 있었습니다. 영상으로만 보던 강의장을 둘러보니 느낌이 새로웠습니다. 상담실의 가지런한 책들과 다양한 종류의 기타들이 시선을 사로잡았습니다. 초면에 계시는 곳을 계속해서 두리번거렸으니, 큰 실례를 한 것 같은 마음입니다. 우리 집에도 기타가 많다는 너스레를 떨며 불편한 분위기를 애써 환기하려 노력했던 기억이 납니다.

선생님과의 상담은 매우 인상 깊었습니다. 내 사주를 예시로 궁금했던 명리 지식을 질문하고 답변받는 시간이었습니다. 나같이 수줍음이 많고, 염려가 많은 사람이 적극적으로 무언가를 한다는 것은 일탈과 다름없는 일입니다. 화풍정 선생님께서는 이런 일탈을 응원해 주셨습니다.

대화 중에 존경하는 선생님들을 인터뷰해 보고 싶다는 이야기가 불쑥 나왔고, 선생님께서는 찬성을 표하셨습니다. 막걸리를 마시며 편안한 분위기에서 영상을 찍자는 구체적인 이야기까지 오고 갔습니다. 그냥 웃자고 하는 이야기였고, 꿈같은 이야기였습니다. 하지만 정말 그렇게 해보라는 선생님의 낮고 느린 목소리에서 진심이 전해졌습니다.

두 번째 목적지는 김병우 선생님이 계시는 〈천인지 운명학〉이었습니다.

천인지 운명학의 김병우 선생님은 내게 아주 특별한 분이십니다. 선생님과의 전화 상담을 통해 공부에서 답답한 것을 많이 해소하곤 했습니다. 이 공부에 계속 정진할 것을 당부하면서 정규 교육과정으로 공부를 쭉 해보라는 조언도 함께 하셨지요. 그 격려에 힘을 얻어 공부의 폭을 넓혀 나갈 수 있었습니다.

건국대 입구에 있는 선생님 사무실은 작고 아담했습니다. 일전에 선생님의 십신 강의와 육십갑자 간지 강의를 감사하게 들었고, 그것을 정리하여 긴 호흡으로 강의한 바도 있어서 선생님께서 강의하는 장소를 직접 마주하니 감회가 새로웠습니다. 명리학뿐 아니라 동양철학 전반에 대한 이해가 깊으셔서 주역과 불교사상에 관한 이야기를 해 주셨는데 시간이 어떻게 가는지 몰랐습니다.

그러던 중에 화풍정 선생님과 나누었던 '인터뷰'에 대한 이야기가 생각났습니다. 혹시나 하며, 인터뷰에 대해 의사를 여쭤보았습니다. 선생님은 잠시도 생각하지 않고 재미있게 찍어 보자며 매우 즐거워하셨습니다. 어떠한 바람은 이런 식으로 갑작스레 이루어지기도 하는 것 같습니다.

세 번째 목적지는 선운 황성수 선생님이 계시는 〈선운의 명리터〉였습니다.

6년 전 선운 선생님의 온라인 강의를 구매하며 이 공부를 다 하고 꼭 찾아뵙겠다고 약속드린 바 있습니다. 이후 긴 시간 동안 선운 선생님 강의를 정리하고 공부해 왔습니다. 선운 선생님은 상담 시작 첫마디에서 내담자를 콕 찌르는 내공이 놀랍습니다. 아무에게도 말하지 않은 나의 내면 심리를 알아채고 공감해 주니, 놀랍기도 하고 감사하기도 했습니다.

사실 나에게는 《궁통보감》이라는 고전과 선운 선생님의 '궁통 강의', 진평 선생님의 '사행도'를 접목해서 월지와 일간의 관계를 정리하고 싶은 꿈이 있습니다. 그 내용을 강의로 만들어 공유하고 싶기도 합니다. 선운 선생님을 만나러 간 진짜 목적은 선생님 강의 내용을 내 강의에 녹이는 것을 허락받기 위함에서였습니다.

궁통 강의 내용을 활용해도 될지 조심스럽게 여쭤 보았더니 그냥 하면 되지 그거 뭐라고 그런 걸 물어보러 여기까지 오느냐 하셨습니다. 그런 털털하신 반응에 갑자기 자신감이 생겼던 것일까요? 선생님께 인터뷰를 요청하면 응하실지 여쭤 보았습니다. 무례가 아닌지 무척 긴장되었습니다. 나의 긴장을 눈치챈 선생님은 "그냥 하면 되지, 그거 뭐라고." 하며 대수롭지 않아 하셨습니다. 현실감이 없을 정도로 좋았습니다.

돌아오는 부산행 기차 안에서 생각하고 또 생각했습니다. 내 얼굴을 공개하고, 여러 사람으로부터 존경받는 선생님들과 대화하는 장면을 영상으로 찍을 수 있을까? 상담만 받아도 이렇게 긴장이 되는데, 이야기를 이어 나갈 수 있을까? 아무리 생각해도 실현되지 못할 꿈같은 이야기라 여겨졌습니다. 하지만 꿈이 현실이 될 수도 있지 않을까? 하는 기대감에 쿵쾅거리는 심장 소리가 커다랗게 들려왔습니다.

명리학(命理學)이 뭐길래?

학교에 명예퇴직을 신청하겠다는 선언에 친정어머니는 앓아누우셨습니다. 왜 이때까지 잘 다니던 좋은 직장을 그만두냐며 속상해하셨습니다. 같이 더 재미있게 근무하자는 사랑하는 동료 선생님들도 내 결정을 안타까워했습니다.

사실, '사주팔자', '명리'라는 단어는 여전히 미신의 범주 안에 있습니다. '작두를 탈 예정이냐?', '방울을 흔들 생각이냐?'는 등의 이야기를 들을 때마다 빙긋 미소가 지어집니다. 이 학문을 대하는 왜곡된 시선이 안타깝다는 마음보다, 더 넓게 펼쳐질 미래에 대한 기대가 더욱 크기 때문입니다.

나는 명리(命理)가 학문이고, 철학이고, 예술이라고 생각합니다. 또 자연이고 삶입니다. 세상 모든 것은 변화(變化)합니다. 바뀔 변(變), 될 화(化). 변화라는 단어는 바뀌는 과정(變)과 바뀌어 만들어진 결과(化)의 의미를 모두 가지고 있습니다. 세상 모든 것은 변(變)하고 화(化)합니다. 바뀌어 만들어진 결과 역시 영원할 수 없으며 다시 그 무엇으로 바뀌고 또 다른 결과로 이어집니다. 명리는 이러한 변화(變化)를 담담하게 이야기하고 있습니다.

나의 라임오렌지 나무, 어린 왕자, 흐르는 강물, 울창한 숲, 사과 한 알, 길가에 핀 민들레, 우리 집 마당, 사랑하는 사람, 행복한 마음, 그녀의 미소, 엄마, 아버지, 하늘, 선생님, 학문 그리고 나. 머릿속을 맴도는 단어를 무작위로 내뱉더라도 변화하지 않는 것은 없습니다.

작은 방구석에서 《나의 라임오렌지 나무》를 읽으며 눈물 콧물을 쏟아내던 열두 살 내 모습이 떠오릅니다. 막내 아이 침대에 걸터앉아 《나의 라임오렌지 나무》를 읽는 중년 여자의 담담한 마음은 무엇일까요? 어린 시절 지루하게 읽었던 《어린 왕자》를 아이들에게 읽어 주며, 울먹이는 중년 여자의 마음은 또 무엇일까요?

아버지와 이별하며 말로 표현할 수 없는 슬픔에서 도무지 헤어나지 못할 것 같던 나는, 눈물 한 자락 없이 아버지 무덤의 풀들을 뽑고 있습니다. 지난밤 세상 모든 것을 집어삼킬 듯 폭풍우 몰아치던 하늘이 오늘 아침 싱그럽게 빛나고 있습니다. 세상 모든 것은 변화합니다.

평생토록 학교와 집만을 오가며 짜인 틀 안에서 조용하게 살던 내가 이렇게 열정적으로 변하게 될 줄 상상이나 했겠습니까. 유튜브라는 채널을 통하여 많은 사람과 소통하고, 배움을 위해서라면 먼 길을 마다하지 않고 돌아다니는 내 모습이 나 역시 믿기지 않습니다. 이런 것을 보면 사람의 성격도 성향도 상황과 때에 따라 변(變)하고 화(化)하는 것임을 알 수 있습니다.

역학(易學)이란 '변화'를 공부하는 동양 학문입니다. 오술(五述)이란 변화를 관찰하는 다섯 가지 현실적 방법입니다. 오술은 명(命), 복(卜), 의(醫), 상(相), 산(山)을 일컫습니다. 명(命)은 인간 삶의 변화를 관찰하는 방법이며, 복(卜)은 해당 시점에서 점을 쳐 보는 일입니다. 의(醫)는 인간 몸의 변화를 관찰하는 방법이며, 상(相)은 사람이나 사물, 지형 등이 드러낸 형상을 통해 변화를 관찰하는 방법입니다. 마지막으로 산(山)은 정신 수양 등을 통한 본성의 변화를 관찰하는 방법입니다.

명리학은 오술(五述) 중 명(命)의 관점에서 삶의 변화에 대해 관찰하는 방법을 공부하는 학문입니다. 한 사람을 대상으로 삶의 변화를 관찰하기 위해서는 먼저 그 사람의 특성을 파악해야 합니다. 사람 개개인은 자기만의 특성을 가지고 태어납니다. 그 기본적 특성은 사주팔자에서 찾아낼 수 있습니다. 사주팔자 원국을 바탕으로 한 사람의 특성을 파악한 이후, 이 사람이 어떤 변화 속에 놓이는지를 살펴봅니다. 운(運)은 시간의 흐름으로 순환하며 개인의 삶을 변(變)하고 화(化)하게 합니다.

여기 고구마와 딸기가 있습니다. 고구마와 딸기를 찜솥에 넣고 쪄보겠습니다. 고구마는 먹음직스럽게 익어 있을 것이고, 딸기는 형체를 알아보기 힘들게 녹아 내렸을 것입니다. 막 수확한 고구마와 딸기를 씻어서 식탁 위에 올려둬 봅시다. 고구마는 먹기 힘들어 식탁 모서리로 밀려나지만, 딸기에는 계속해서 손이 갑니다. 변화를 관찰하기 위해서는 변화하는 대상이 고구마인지 딸기인지 인지해야 합니다. 즉 변화하는 대상의 특성을 먼저 파악해야 합니다. 그리고 그 대상이 어떤 환경에 놓이게 되는지를 살펴야 합니다.

내가 그랬던 것처럼, 여전히 많은 사람이 명리학을 미신의 영역에 두고 있습니다. 오술(五術) 중 하나인 의(醫), 즉 한의학이 학문으로 당당하게 자리 잡은 것처럼 명리학 역시 학문으로 바르게 서면 좋겠습니다. 인간의 삶을 다루기 때문에 조심스러운 면이 매우 많습니다. 얕은 공부로 혹세무민하였던 세월로 인해 그 가치가 퇴색 되어버린 면도 있습니다.

사회적으로 인정받지 못하는 상황에서도 이 공부의 가치에 대한 믿음으로 학문을 끌고 온 사람들이 있습니다. 물질과 권위를 추구하는 세상 속에서 '명리라는 학문의 가치에 대한 믿음'만으로 공부를 이끌어 온 무명(無名)의 학자들이 많습니다. 그들의 열정이 이 학문을 이처럼 오래도록 계승하게 했다고 생각합니다. 최근에는 대학 등에서 논리적이고 체계적인 연구가 많이 진행, 축적되었습니다. 이러한 학문적 성과뿐 아니라 상담 도구로서 명리학은 긴 세월 우리 삶과 함께 그 명맥이 이어졌습니다. 너무 오랜 기간 명리(命理)는 음지(陰地)의 영역에 놓여 있었습니다. 이제 명리학 역시 변(變)하고 화(化)할 때가 되지 않았을까요?

긴 공부의 시작

부산 서면에서 오랜 기간 철학관을 운영해 온 선생님을 소개받고 찾아뵌 적이 있습니다. 그 선생님과 저는 은진 송(宋)씨로 성이 같았습니다. 종친이라 안타까운 마음에 하는 말씀이라며 굳이 이 공부를 하지 않았으면 좋겠다고 하셨습니다. 정치하는 사람, 사업하는 사람, 학문하는 사람 등 많은 사람이 중요한 일을 결정할 때는 와서 조언을 구하지만, 돌아서면 미신으로 치부하며 하찮게 여긴다며 안타까워하셨습니다.

50년 넘게 상담을 이어 온 선생님이셨는데, 좋은 학벌과 직장도 다 버리고 이 학문에 파묻혀 보내온 세월이 고통스러웠다고 말씀하셨습니다. 남들에게 대접받지 못하고 세월 다 버리는 이 공부를 왜 하려 하냐며, 관운이 계속되니 장학사나 교장으로 승진하는 쪽으로 시간을 보내라고 조언하셨습니다. 이 공부는 '개미지옥'인데 힘들어서 어쩌려고 이 공부에 몰두하느냐며 저를 안쓰럽게 바라보셨습니다.

어떤 마음이신지 알았지만, 내 중독의 상태가 심각하여 계속 공부할 수밖에 없다고 말씀드렸더니 송(宋)씨 여자 고집을 누가 말리겠냐며 웃으셨습니다. 그 만남 이후로 사주팔자 명리학에 대한 사회적 시선이 어떠한가에 대해 오래 생각하게 되었습니다. 과거에는 이러한 편견이 더 심했을 터인데, 힘든 환경 속에서 이 공부를 이어 온 선생님들에 대한 감사의 마음이 진하게 올라왔습니다.

오랜 세월 음지의 영역에서 흩어진 공부를 정리하고 이끌어 주신 선생님들의 삶이 인정받고 박수받았으면 좋겠다는 마음이 항상 있었습니다. 이러한 마음은 일종의 기운(氣運)입니다. 모든 일이 기(氣)의 상태로 있을 때는 드러나지 않습니다. 기운이 어떤 상태로 드러나기까지는 계기가 필요합니다. 2박 3일의 여행과 화풍정 선생님과의 대화에서 '인터뷰'라는 단어가 등장하였습니다. 실체 없이 존재하였던 나의 마음은 대상을 만나고 이야기가 교류하는 과정에서 현실로 실현되었습니다.

화풍정 선생님 사무실 앞에 적혀 있던 '멀리 보다'라는 글귀는 내 인생 여정의 또 다른 나침반이 되어 주었습니다. 선생님들의 집념과 의지, 학문에 대한 애착은 커다란 가르침으로 전해졌습니다. 명리학이라는 것이 학문의 영역과 술수의 영역 사이에 존재하다 보니, 그러한 간극(間隙)을 좁혀 나가는 노력이 여전히 필요합니다. 관법(觀法)의 다양성 역시 학문을 정립해 나가는 과정에서 걸림돌이 될 수 있습니다. 하지만 그러한 다양성은 학문을 더욱 풍성하게 만들기도 합니다.

오랜 세월 공부하고 연구하여 후학들을 가르치시고, 수많은 상담을 통해 자신의 공부를 점검하고 있는 선생님들을 만나러 길을 나섰습니다. 명리학이 혹세무민을 주도하는 공부라는 오명을 떨쳐내고, '학문'으로 혹은 '훌륭한 상담의 도구'로 인식되면 좋겠다는 마음에서 장비를 챙기고 기차에 올랐습니다. '중독의 절정기'였던가 봅니다.

선생님들과의 대화를 통하여 명리학의 참된 가치를 생각할 수 있었던 시간이었습니다. 선생님들께서 진심으로 전한 귀한 말씀들을 함께 느꼈으면 하는 바람으로 책을 내게 되었습니다. 이 책이 누군가의 삶에 따뜻한 응원의 울림으로 닿기를 소망합니다.

2025년 5월 「하루 한 장, 명리」 제이선생님

목차

추천사 학과 술, 연구와 실천을 담보하는 노력
  원광디지털대학교 동양학과 신정원 교수   4

프롤로그 명리학에 중독되다   8

창광 김성태
쓸모를 찾아서   32

천인지 김병우
운명이란 나도 모르게 내가 된 나   56

학선 류래웅
자유를 원한다면 운명을 즐겁게 받아들이길   80

중원 민영현
예측의 과학 사주명리   104

청화 박종덕
생태적 시간 코드에 매몰되지 않기를   126

진평 송재호
삶은 서로 작용한다   160

백민 양종
평생 한 가지에 몰두한다는 것   192

두강 이을로
나는 장점발견가가 되려고 해   222

선운 황성수
생긴 대로 살고 최선을 다하기   250

에필로그 다시, 멀리 보다   276

쓸모를 찾아서

창광 김성태

모든 사람은 각자의 용도가 있습니다.
그 용도를 우리가 이해해야 하는 것입니다.
무용지대용(無用之大用), 쓸모없음의 쓸모 있음.
못 쓰는 물건은 없습니다.

인터뷰에 들어가며

사람을 향한 깊은 몰입

원광디지털대학교 동양학과 교과 중 〈현대 명리학 탐방〉이라는 과목이 있습니다. 신정원 교수님께서 역학(易學)계 명사 네 분과 만나, 그분들의 공부 과정과 철학을 인터뷰한 내용을 바탕으로 진행되는 수업입니다. 한 학기로 진행된 이 과목은 백민 양종 선생님, 청화 박종덕 선생님, 창광 김성태 선생님과 Sasha Lee 네 분의 말씀으로 구성되어 있습니다.

신정원 교수님께서 특히 이 네 분을 인터뷰한 까닭은 30년 이상 학문을 이어오면서 교육에 힘쓰는 한편, 상담 현장을 떠나지 않았기 때문입니다. 강의를 수강하면서 언젠가 신정원 교수님처럼 대단한 선생님들을 만나 이야기를 나눠 보고 싶다는 막연한 바람이 생겼습니다.

마태복음 7장 7절 '구하라 그리하면 너희에게 주실 것이요, 찾으라 그리하면 찾아낼 것이요, 문을 두드리라 그리하면 너희에게 열릴 것이니.' 이 성경 말씀이 내 삶의 길에서 함께 하는 때가 오게 될 줄은 꿈에도 몰랐습니다. 강의에서 간접적으로 뵈었던 백민 양종 선생님, 청화 박종덕 선생님, 창광 김성태 선생님 세 분과 인연을 맺고, 길게 이야기를 나누는 시간을 가지다니요. 정말 꿈만 같은 일이 펼쳐졌습니다.

김병우 선생님과 선운 선생님께서 창광 선생님께 연락해 보라고 하셨는데, 너무 유명한 분이라 차마 엄두가 나지 않았습니다. 그러나 문을 두드려 보지도 않고 문이 닫혔는지 열렸는지 판단할 수는 없습니다. 창광 선생님께 연락드릴 방법은 상담 신청밖에 없었습니다. 서울에 가서 직접 뵙고 상담하고 싶었지만, 직장에 메어 있던 몸이라 시간이 맞지 않았습니다. 부득이 전화 상담을 신청하고 이야기를 나눌 기회가 마련되었습니다.

선생님께서는 사주에서 월령이 부여한 나의 의무를 말씀하시면서 글을 쓰고, 교육하는 일을 응원해 주셨습니다. 그 틈에, 인터뷰를 청했습니다. 많은 사람에게 존경받는 유명한 분이라 허락받기 쉽지는 않을 것 같다고 생각하며 답을 기다렸습니다. 심장이 쿵쿵대는 소리가 들렸습니다.

선생님께서는 뜬금없이 전화번호를 하나 불러줄 테니 받아 적어보라고 하셨습니다. 당황하며 받아 적는데, 일정을 관리하는 직원이니 전화를 해보라는 거였습니다.

'이건 오케이 신호인가? 아닌가?'

순간 머릿속이 멍해졌습니다.

창광 선생님과 인터뷰 약속을 잡고 뵙게 되기까지는 오랜 시간이 걸렸습니다. 온라인 강의는 많이 들었지만, 책을 읽어 본 적이 없어서 출판한 책들을 읽고 가는 것이 예의라는 생각이 들었고, 또한 책을 읽고 뵈러 가야 이야기를 나눌 수 있을 듯했습니다. 뵙기 전에 《명리학 개론》 3권과 《음양오행_출생의 이유》를 읽었습니다. 만만치 않은 책들이라 오랜 시간 붙들고 있을 수밖에 없었습니다.

뵙기 전에 어찌나 긴장했는지 말로 다 표현할 수가 없습니다. 선생님과의 인터뷰는 다른 인터뷰들과 달리 청중이 앞에 앉아 있었습니다. 〈더큼학당〉에서 공부하는 분이었는데, 인터뷰 내내 대화를 타이핑하면서 반응해 주었습니다. 그래서일까요? 어느 순간 긴장의 끈을 놓아 버렸습니다. 인터뷰라는 것도 잊은 채 대화에 몰입하게 되었습니다. 역학계의 대가라는 타이틀 너머, 한 사람으로서 삶에 대한 철학과 고뇌를 엿볼 수 있었습니다.

선생님과의 대화는 비현실 같았지만, 그 시간 내내 감정적 몰입이 깊게 일어났습니다. 인터뷰를 마무리할 때 선생님께서는 열심히 살고 있겠다고 말씀하셨고, 나는 열심히 공부해 나가겠다고 말씀드렸습니다. 봄의 수확 같은, 여름의 바람 같은, 가을의 꽃향기 같은, 겨울의 햇살 같은 시간이었습니다.

너의 행복을 지지하는 위로

제이선생님 반갑습니다. 〈하루 한 장 명리〉입니다. 창광 선생님 모시고 이야기 한번 나누어 보도록 하겠습니다.

'하루 한 장'이라고요? 내 블로그 이름은 '벽돌 한 장'이에요. 하루에 뭐든지 하나는 하겠다는 뜻이지요. 모든 것이 하나둘씩 쌓여 가는 것이지, 한꺼번에 이루어지는 건 아무것도 없어요. 벽돌 한 장, 그래서 벽돌 한 장.

제이선생님 '하루 한 장, 벽돌 한 장' 무언가 비슷한 점이 있어서 기쁩니다. 먼저 선생님 소개를 해보도록 하겠습니다. 선생님께서는 서초동에서 33년째 상담하고 계십니다. 그리고 1998년부터 '하이텔 역학동'이라는 동아리 내 소모임인 '서당개클럽'에서 강의를 시작하셨습니다. 〈더큼학당〉에서 오프라인과 온라인으로 강의하시고, 유튜브 활동도 하고 계십니다. 그리고 지금 제가 있는 이곳이 '한길로'라는 회사인 걸로 알고 있습니다. 그리고 '사주바주'라는 앱을 만드셨습니다. 또 다양한 책들을 집필하셨습니다. 선생님께서 명리학을 공부하기 시작한 때의 이야기를 들어보고 싶습니다.

명리를 학습한 것은 집안 내력으로 접하게 되었습니다. 명리학 공부는, 1989년에 명리 선생님을 만났는데 그분 말씀 중에 귀담아들을 말이 있어서 하게 되었지요. 수행도 해보았습니다. 우리 집에서는 수행하는 것을 공부라고 그래요. 그래서 명리학을 하는 것은 공부란 용어를 쓰지 않고 '궁리(窮理)'라고 했습니다. 명리에 대해 궁리해 보려고 시작한 거지요.

제이선생님 '궁리(窮理)'라는 단어가 명리 공부와 너무 어울립니다. 지난번 저와 통화하실 때 저에게 독서를 많이 하라고 하셨습니다. 선생님께서는 다양한 독서를 학생들에게 권하시는 것으로 알고 있습니다. 《춘추번로(春秋繁露)》《회남자(淮南子)》《오행대의(五行大義)》 이런 고서들을 여기 학생분들에게 다 읽히시는 건가요?

읽어야 하는 도서의 목록이 있습니다. 제 책상 옆에 도서 목록이 있죠. 또 책을 사서 공부하는 곳에 비치를 해놓죠. 책에 도장을 찍어 놓아요. 내가 도장을 찍은 건 꼭 읽으라고 합니다. 동중서(董仲舒)*의 책은 꼭 읽으라고 합니다. 동중서 책 중에 《춘추번로(春秋繁露)》는 유가류 중에서도 읽어 볼 만합니다. 도가류 중에서는 여불위의 《여씨춘추》를 읽으라고 합니다. 대개 대학원 가면 꼭 읽어야 하는 책들이지요. 여기 다 비치되어 있지요.

* 한나라 때 유교를 확립한 학자입니다.

제이선생님 네, 저도 열심히 읽어 보겠습니다. 선생님께서는 '월(月)'을 이해하고 눈물을 흘리셨다고 하셨습니다. 다양한 독서 경험을 베이스에 두고, 월을 이해하면서 어떤 깨달음이 오신 걸까요?

'나'라는 일간을 포기하지 않은 상태에서 월령을 알려고 한 욕심들이 명리학에 도움이 되지 않는다는 것입니다. 나라는 일간을 완전히 포기하고, 월령이라고 하는 환경의 조건을 받아들이는 것이 가장 중요합니다. 내가 원하는 것을 내세우지 말라는 이야기지요. 명리에서는 '격(格)'이라고 하는데 그것을 태어난 월(月)에서 찾을 수 있습니다. 즉 세상이 원하는 것을 항상 중심에 두고 생각해야 합니다.

내가 세상에 따르는 것이 중요함을 알게 되었어요. 다시 말해 이 세상에 태어난 나의 의무를 이행하며 사는 것이 중요합니다. 그것을 이해하는 것이야말로 명리학이 가지는 진짜 의미이지요. 개인적으로 봤을 때 어떻게 보면 한 인간은 유치합니다. 세상의 이치를 따라야지요. 명리(命理)라는 것은 내가 원하는 대로 살고 싶은 감정을 완전히 버리고, '월지(月支)'라는 시공간의 임무를 보는 것이지요. 시간으로는 그것을 '월령(月令)'이라고 합니다. 임무로는 '용사지신(用事之神)'이라고 하고, 내가 따른다고 해서 '용신(用神)'이라고 합니다. 그곳에 내 삶이 있다고 해서 '택향(宅向)'이라고도 합니다.

제이선생님 제가 선생님 전화번호 알게 되면서 카카오톡에 있는 선생님 프로필 사진을 보게 되었습니다. 댁이신 것 같던데, 그 사진을 통해 월(月)에 대한 생각을 해보았습니다. 거기에 눈 덮인 사진 하나, 낙엽으로 덮인 사진 하나. 이렇게 계절이 변하는 사진을 올려 두셨던데, 천원(天元) 지원(地元) 인원(人元) 이런 것이 이 사진 속에 있다는 생각이 들었습니다. 선생님께서 늘 말씀하시는 하늘의 뜻 그리고 땅이 만물을 낳는다는 것. 그래서 그 마당이라는 하나의 공간에 귀뚜라미가 울 때도 있고, 매미가 울 때도 있고. 그 각각의 역할들이 드러났다 사라지는구나, 그냥 그런 생각을 사진을 보며 해봤습니다.

'천원(天元)'은 하늘의 기운을 말합니다. 하늘의 기운은 내 계획이에요. 그것은 모든 인간이 알고 있어요. 모르는 사람은 없어요. 바보도 자신의 계획을 알고 성인도 알아요. 그러니 하늘의 뜻이 무엇인지를 모르는 사람은 없겠지요. 다 알아요. 그래서 천간은 '내 계획'이라고 이야기합니다. '지원(地元)'이라는 것은 시간을 의미하는 것입니다. 내 계획이 이 시간에 맞는가. 그리고 '인원(人元)'이라고 하는 것은 지장간(支藏干)을 말하는 것입니다. 내가 이에 맞게 실천했는가.

이런 것들을 보는 것이 '자평 명리학'의 근본이지요. 다시 말해, 천간과 지지를 보며 내 계획이 시간에 맞나? 살펴야지요. 그리고 지장간(支藏干)의 인원을 보며 내가 그만큼 노력을 하나?, 생각해야지요. 맨날 뭐 그런 생각만 하는 거니까, 그래서 카톡 사진도 그런 것밖에 안 올리나 봅니다.

제이선생님 선생님, 사실 제가 지금 여기 오면서 엄청나게 긴장했었거든요.

왜 긴장해요?

제이선생님 너무 유명하신 분이시잖아요. '서락오** 이후에 최고의 명학자(命學者)'라는 말뿐만 아니라 너무나 많은 사람에게 존경받는 큰 선생님이신데, 제가 뵙고 말씀 나눈다고 생각하니 긴장이 되었습니다.

(웃으시며) 가볍기가 뭐 이루 말할 수가 없어요.

제이선생님 그럴 리가요. 제가 너무 긴장한 탓에 선생님 소개로 시작한 이야기가 길어졌습니다.

제 소개는 그냥 술사(術士)예요. 혹세무민 안 하려고 노력을

** 근대 중국 명리학의 대표 인물.

많이 합니다. 노력과는 달리, 상처를 받으신 분들도 있겠지요. 항상 남의 집 일에 '감 놔라, 대추 놔라' 하는 이 몹쓸 직업에 대해서 반성을 많이 합니다. 죽을 때 뼈가 시커멓게 안 죽기 위해서 계속해서 반성합니다. 반성하고 또다시 반성합니다. 계속 반성 반성하다 보니, 내가 하는 말이 명리학자 같지 않고, 스님 같다고 하는 분들도 계세요. 뼈 있는 말만 하고. 또, 너무 무거운 분위기라 하니 웃기려고 노력도 하고. 그런 술사입니다. 내 소개는 술사가 맞아요.

제이선생님 이 일을 하며 고민이 많으셨을 것 같습니다. 선생님께서는 그냥 술사라 하시지만, 선생님께서 남기신 학문적 성과에 대하여 많은 사람이 마음 깊이 존경하고 있습니다. 선생님께서는 엄청 부지런하게 사셨지요?

남들이 보면 부지런하다고 하는데, 시간을 어기진 않죠. 34년 서울 이 장소로 출근하면서 단 한 번도 결근을 해본 적 없죠. 또 사장님이 없으니, 사장님을 가상적으로 정해 놓고 항상 보고하고. 보고 많이 해요. 오래된 제자들은 나한테 지독하다고 합니다. 손님들은 특이하다고도 하고요. 그 자리에서만 이사도 안 가고 앉아 있으니. 어린애가 와서 말도 충청도 말 계속하며, 변하지 않으니까요.

제이선생님 34년간 결근이 없다는 것은 쉽지 않은 일인 것 같습니다. 선생님, 이전에 강의하신 부분에서 확 와 닿았던 내용이 생각납니다. 명리학을 공부하는 우리는 하루도 빠짐없이 공부하고 전념해야 한다고 이야기하셨어요.

지금도 마찬가지죠.

제이선생님 제가 이렇게 인터뷰하면서 명리 하시는 분들의 공통점에 대해 생각해 보게 되었습니다. 예술가 기질도 있고, 시적(詩的)으로 표현하는 것도 있고, 상담가이기도 하고, 철학자이기도 합니다. 그런데 종합하면 공부하는 사람인 것 같습니다. 계속 끊임없이 정치 경제 사회 문화 모두를 공부해야 하는 것 같습니다. 또 자연과학 지구과학 이런 것도 다 연결되어 있습니다. 그런 의미에서 정말 이 명리 공부가 통섭의 학문이지 않나 이런 생각이 들었습니다.

점학(占學)과 달리 명리학은 명학(命學)이거든요. 인생 전반을 이야기할 수 있는 소재가 많지요. 하지만 명리학 범주가 인생 전반을 이야기하는 건 또 사실 아닙니다. 운명학의 범위는 협소한데, 고객이 바라는 것은 인생 전반에 대해 듣고 싶은 것이지요. 술사(術士)에게는 자기만의 철학적 사유가 필요합니다. 그리고 개개인의 철학적 사유를 존중해 줄 수 있는 여유가 있어야 합니다. 이런 사유체계를 넘어서서 개개인의 가치관과 경험 역시 존중해 주어야 합니다.

상대를 존중할 수 있도록 자기 자신이 지혜의 폭을 넓혀 놓으려면 책이 필요합니다. 또 세미나 등을 다니면서 다른 선생님들은 어떤 말씀을 하시는지 듣는 것도 중요합니다. 명리를 대하는 것은 사람을 대하는 일입니다. 그렇다면 그들의 행복을 지지해야지요. 행복을 지지하는 위로가 필요합니다.

> **제이선생님** 선생님, 결국에 내가 단단하게 다져져야 다른 사람에게 어떤 이야기를 건넬 수 있을 것 같습니다. 내가 단단해지는 방법은 끊임없는 공부와 인내인 것 같습니다. 행복을 지지하는 위로, 명리학이 가지는 매력이 이러한 부분인 것 같습니다.

행복을 지지하는 일. 그러다 보니까, 이 공부하는 사람들이 다재다능할 수밖에요. 때로는 개그도 하고, 이런 것들이 다 필요해요. 다양성을 갖추셔야 해요.

> **제이선생님** 너무 멋진 공부인 것 같고, 끝도 없는 공부인 것 같고, 사는 내도록 해야 하는 인생 여정에 있는 공부가 아닌가, 이런 생각을 해봅니다. 감사합니다. 선생님. 선생님 하나만 더 여쭤 보고 잠시 쉬겠습니다. '대운'이 궁금합니다. 월에서 따져나가며 10년마

다 바뀌는 운인데요, 그렇다면 대운(大運)***이 바뀌면 임무도 바뀌나요?

아닙니다. 임무는 그냥 사주 그대로지요. 그걸 수행하는 과정이 대운이지요. 나이가 들어가는 것뿐이지요. 대운은 나이의 표시예요. 대운(大運)이라는 것은 나이가 들어가면서 나의 재능을 계속 업데이트하는 것이고, 세운(歲運)****은 대운에서 배운 재능을 쓰는 것입니다.

대운은 내 월령(月令)에서 나간 거잖아요. 봄에 태어났으면 대운이 여름으로 가거나 겨울로 가는 거잖아요. 그 시간의 변화는 한난조습(寒暖燥濕)의 변화예요. 나무가 봄이면 싹이 나잖아요? 여름으로 대운이 흘러가면 가지가 나오죠. 그런 과정에서 인간은 성장합니다. 그거 보는 거예요. 대운은 내가 나를 만나는 것입니다. 내 것에서 출발했으니까요.

세운은 내가 남을 만나는 거랍니다. 대운은 바뀌는 것을 보는 것이 아니라, 변화하는 것을 보는 것입니다. 동양철학의 가장 큰 화두 중 하나가 화(化)입니다. 삼라만물(森羅萬物) 중에 변하지 않는 것은 없습니다. 바뀌는 것이 아니라 변(變)하는 것이다. 내

*** 대운은 10년에 한 번씩 바뀌는 운입니다. 엄청 좋은 운이라는 의미가 아닙니다. 사주에서 쓰이는 용어인데, 공부를 해보면 금세 이해할 수 있는 부분입니다.

**** 세운은 1년 운을 말합니다. 세(歲)라는 글자는 '일 년, 한 해'를 의미하는 글자입니다. 우리가 나이를 이야기할 때, '몇 세'라고 이야기하는 것도 세(歲)라는 글자와 관련이 있습니다.

가 어디서 출발했는지를 보는 것이 시령(時令) 사상입니다. 모든 동양철학은 시령 사상을 기반으로 하고 있습니다. 동양철학은 변화하는 것을 보는 것입니다.

쓸모없음의 쓸모 있음

제이선생님 선생님께서는 명리학이 실용 학문이라고 이야기하시던데요, 명리학의 역할에 대한 선생님의 견해를 듣고 싶습니다.

학문으로 이야기할 것 같으면, 사람 사용 설명서라는 '십신(六神)의 생화극제(生化剋制)'와 만물 사용 설명서라는 '오행(五行)의 상생상극(上生相剋)', 시간 사용 설명서라는 '월령(月令)의 합충변화(合沖變化)'를 이야기할 수 있겠습니다.***** 사람, 만물, 시간을 사용하는 설명서라는 것을 보면, 실용적으로 활용되는 학문이라고 볼 수 있지요.

제이선생님 그런데 선생님과 같이 명(命)을 잘 보시는 분들은 한 사

***** 십신, 생화극제, 오행, 상생상극, 월령, 합충변화 등은 명리 공부에서 빠질 수 없는 개념들입니다. 명리 공부를 해보지 않은 분들은 편하게 읽고 넘기면 됩니다. 이 기회에 명리학을 공부해 보는 것도 추천해 드립니다.

람의 사주팔자 명식(命式)을 딱 보게 되면, 이 사람의 임무가 무엇인지, 본질은 어떤지, 그리고 어떤 쓰임을 가지는지, 그리고 어떻게 사용될지, 무엇을 가지고 이 사람이 살아갈지, 만물 가운데 어떻게 행위 하는지, 이런 것이 모두 보이시지요?

그걸 억지로 하나하나 찾아서 보고 있으면, 손님이 시간 없어서 가십니다. 본능에 가깝도록 연습을 해서 몸에 완전하게 익혀야지요.

제이선생님 그냥 한눈에 바로 보이시는 거지요?

그렇지. 그냥 해야 하는 거지요. 굿을 세 번 하고도 말문 안 트인 무당처럼 그러면 안 되지요. (웃음) 그걸 앉아서 한 30분씩 쳐다보고, 찾고. 이렇게 하면 그건 안 되지요. 연습이죠. 연습해서 그게 습관처럼 딱 붙어야 해요. 만물 사용 설명서라는 오행의 상생상극, 사람 사용 설명서라는 십신의 생화극제. 그리고 시간 사용 설명서라는 합충의 변화. 논리적으로나 뭐나 학습 목차만 알고 있으면 다 됩니다.

눈 감고도 자동으로 되어야지요. 연습을 본능적으로 해야지. 프로축구 선수들한테 '공을 알아서 차냐? 정신없이 차냐?' 물어보면, 유명한 선수들은 모두 정신없이 찬다고 해요. 하나의 이론을 50개의 사주를 놓고 임상을 해보세요. 그런데 쉽지 않아요. 아는 건 아는 게 아니에요. 현장 가면 자동으로 해져야 아는 거예요. **명리학은 칼싸움과 같아요. 지금 시간이 아니면 다음 시간엔 만나지 못하는 이 땅의 기운.**

술사는 설명서의 내용을 설명해 주기만 합니다. 설명서의 내용을 설명해 주면, 그다음은 그 물건을 가진 사람의 몫입니다. 자기가 스스로 할 일이지요. 너무 많은 개입을 할 수는 없지만, 그걸 해 주는 게 우리 역할이지요. 연습하면 돼요. 연습 많이 하시면 돼요. 자다 일어나서 축구공을 차도 공이 골에 들어가야 합니다.

제이선생님 그러면 선생님, 내담자가 와서 무언가를 물으면, 어떻게 살아갈지 그런 해결 방법을 제시해 주시나요?

해결 방법은 없어요. 상식이라고 하는 거 있잖아요. 우리가 살다 보면 상식이라는 것을 잘 지키지 못해요. 종교적으로는 초심, 사회적으로는 본질이라고 하지요. 이걸 다 잊어버려요. 그래서 초심 찾아주고, 본질 찾아주고, 상식 찾아주고 그러지요. 맨날 통변(通辯)이 똑같아요. 파란불에 건너가시고, 빨간불에 건너가지 마시라는 정도만 이야기해 주면 되지요.

제이선생님 요약해 보자면, '너의 임무는 뭐란다, 너의 쓰임은 뭐란다' 이런 이야기를 해 주시는 거지요?

'왜 이렇게 변했냐. 네가 분수에 안 맞는 것을 요구했으니 불행한 것이다.' 상담이 뭐 대단한 거 아니에요. 한 사람이 가지고 있는 분수에 안 맞는 소원을 내려놓게 하고, 자식이나 남편이나 부인을 바꾸려 하는 말투와 눈빛을 자중하게 하고, 자신을 객관적으로 볼 수 있게 도움을 주는 노력을 하는 게 상담이지요.

제이선생님 선생님 저번에 저와 통화하실 때, 명리에는 사실(事實)이 있다고 이야기하시면서 선악(善惡)도, 피아(彼我)도 보지 말라고 하셨습니다. 그때 그런 이야기 해 주시면서, 명리학자는 봄이 와도 따뜻한 걸 느끼지 말고, 겨울이 와도 추운 걸 느끼지 말아야 한다는 것을 명심하라고 저에게 말씀해 주셨습니다.

명리에는 선악이 없지요. 명리학이 대전제로 삼는 것은 용(用)입니다. 물건을 용도에 맞게 쓸 수 있어야지요. 선악으로 분류해서는 안 됩니다. 명리학에서 '주관'은 절대 용납이 안 되는 단어 중의 하나입니다. 우리가 감성이나 감정에 치우치면 객관성을 잃어버릴 우려가 있지요. 그렇게 되면 안 됩니다. 사람인지라, 명식(命式)을 대하면서 주관화시킬 수 있지요. 가령 자기 경험만으로, '상관'만 보면 이혼시키려 한다거나 하는 사례를 생각해 보세요. 자신의 기준으로 판단을 해버립니다. 그러면 안 되잖아요.

모든 사람은 각자의 용도가 있습니다. 그 용도를 우리가 이해해야 하는 것입니다. 무용지대용(無用之大用), 쓸모없음의 쓸모 있음. 못 쓰는 물건은 없습니다. '나는 축구 선수만 상담할 거야', '나는 이혼녀만 상담할 거야' 이러면 안 되잖아요. 역학자는 그렇게 하면 안 되지요.

제이선생님 쓸모없음의 쓸모 있음. 모든 사람은 각자의 용도가 있다는 말씀, 너무 멋진 말씀이십니다. 그런 이유에서 명리학은 참 좋은 공부인 것 같습니다. 선생님께서는 오랜 기간 상담하시며, 정말 다양한 인생들과 마주하셨지요?

그렇죠. 〈무당풍경〉이라는 글을 쓸 때, 눈물이 많이 났습니다. 사연만 생각하면 눈물이 나는 거예요. 나라는 사람은 그냥 공허한 공간에 서서 바라보기만 해야 하는 사람이었습니다. 그러한 순간들에서 내가 뱉었던 냉정함, 쌀쌀맞음. 뭐, 어떻게 이야기해도 상관없습니다. 그 순간에는 그런 태도가 필요했겠지요. 오랜 시간 상담하며 마음 한구석에 쌓인 그 무언가를 확 날려버리고 싶었습니다. 그간에 손님들에게 들은 이야기들을 무당이 굿하는 것처럼 형상화하면서 〈무당풍경〉이라는 소설을 한번 써보았습니다. 그 소설을 쓰고 나니까 조금 홀가분하더라고요.

제이선생님 냉정함. 쌀쌀맞음. 그럴 수밖에 없었던 순간들. 선생님의 마음 한구석에 쌓였을 그 무언가가 무엇일지 생각하니 숙연해집니다. 그 글을 쓰고 쌓였던 것을 확 풀어내셨네요.

〈자전거〉라는 글을 쓸 때는 사람들의 한(恨)에 관하여 생각했지요. 구조적 한은 사회적으로 개선해야 하지만, 개인적 한은 날려버려야 하잖아요. 안타까움이 지워지지 않는 한(限)이 있습니다. 역학자가 부끄럽게 한을 가지고 있으면 어떻게 하겠어요. 너무 부끄럽지 않아요?

제이선생님 역학자도 사람인데 어쩌겠습니까.

안 된다니깐요. 그러면 안 됩니다. 내 생각이 그렇다는 이야기인 거지요. 그래서 연습을 많이 했습니다. 역학자로서의 '창광'과 나라는 인간 '김성태'를 나누는 작업을 오랫동안 했지요.

제이선생님 창광과 김성태를 나누는 작업이라고요?

오래 했어요. 문을 '딸깍' 열고 사무실에 들어오면 '창광'이 되었다가, 문을 '딸깍' 열고 나가면 '김성태'가 되지요. 구분을 열심히 했습니다. 지금 '김성태'를 쳐다보면 이건 뭐. 열 살도 안된 것 같아요. '창광'은 …….

| 제이선생님　오백 살이십니까?(웃음)

사람들이 조금 무서워하고 그러지요. 존경도 해 주고, 어디 가면 대우도 해 주고. 그런데 '김성태'는 그렇지 않아요.

| 제이선생님　다른 사람의 명(命)을 수도 없이 대하고, 그 인생들을 다 봐 오면서 참 많이 힘드셨겠다는 생각이 듭니다.

'사유관(思惟觀)'이라고 하는 것이 있어요. '사유체계'라고도 하지요. 나는 지금도 상담할 때 이런 생각을 합니다. '상담하는 동안 나의 사유체계를 넓히고, 또 다른 한 사람의 사유관을 하나 더 알아가는구나'라고. 또 하나의 세상을 만나는 마음으로 사람들을 만납니다.

요즘은 나의 사유관이 '아직관'으로 바뀌었지요. 안 된다는 것은 없어요. '아직' 안 된 것이라고 말해 주지요. 가끔가다 사람은 '자포자기'하는 마음이 생길 때가 있어요. 손님에게도 '좋은 경험 하신 거예요'라고 이야기하지요. 내 특기가 그런 거예요. '이번에 돈이 안 벌렸어요? 아직 안 벌린 거지요. 내일 벌리면 어떻게 하려고요?' 이런 식으로.

원대한 꿈보다는 자기부터 위로해야 합니다. 자기가 자기를 위로하고 행복하게 만들어야 합니다. 그렇게 하고 나서 사람을 대하면 명리학 하면서 한도 안 쌓이고 억울한 마음도 안 생기겠지요. 사람들이 나쁘게 변하는 것은 부러움을 못 견뎌서 그래요. 세상에서 가장 부러운 게 젊음이거든요. 사실이에요. 본능적으로 젊음이 부러워요. 그래서 젊은 행세를 하려고 하다 보니까, 주변머리가 없어지는 것이지요. 세속적으로는 돈과 권력이 부러워서 그걸 쫓아가다가 발목이 잡히기도 하고, 구차한 사람이 되기도 합니다. 부러워서 그래요.

> 제이선생님 나를 있는 그대로 보지 않고, 끊임없이 타인과 비교하는 가운데에서 불행이 생겨나는 것 같습니다.

그렇죠. 그러니까 부러움만 없으면 돼요. 그렇다고 부러워 말라고 하니 …….

> 제이선생님 자포자기는 안 된다, 이 말씀이시지요?

그렇지요. '자포자기'하는 마음은 멀리해야지요. 검이불루(儉而不陋), 검소하지만 누추하지 말고, 화이불치(華而不侈), 화려하나 치장하지는 말라는 말이 있습니다. 삼국사기의 이 이야기가 '인생(人生)'에 가장 어울릴 것 같은 느낌이 들지요.

인터뷰를 마치고

창광 선생님을 뵙기 전에 〈더큼학당〉 김동현 대표님과 인터뷰 내용에 대하여 여러 번 이야기를 나눴습니다. 창광 선생님 인터뷰가 쉽지만은 않을 것이라며, 선생님의 특징부터 좋아하거나 싫어하는 주제에 대해 귀띔해 주셨습니다.

하지만 인터뷰를 진행하는 동안 창광 선생님에 대한 사전 이해나 인터뷰 내용에 대한 준비는 그 쓰임이 무색해졌습니다. 선생님께서는 너무나 솔직하게 자신의 이야기를 해 주셨습니다. 그 이야기는 묵직하고 강렬하고 기쁘고 또 감사했습니다. 이야기를 나누는 내도록 이것이 인터뷰라 느끼지 못할 정도로 말씀에 깊게 몰입되었습니다. 시간이 어떻게 흐르는지 모를 정도였습니다. 사람과 자연과 이 공부를 대하는 선생님의 깊은 사랑이 전해졌습니다. 또, 한 개인으로서의 깊은 고뇌와 고독을 허심탄회하게 들을 수 있어서 진심으로 감사한 시간이었습니다.

선생님께서는 '나라는 일간과 상관없는 월령 본연의 의미'를 이야기하셨습니다. 어느 날 문득 이 말씀이 무엇인지 이해하게 되었습니다. '누구든지 내 뒤를 따라오려면, 자신을 버리고 제 십자가를 지고 나를 따라야 한다.' 마태복음 16장 24절의 성경 말씀입니다. 월지는 자기만의 십자가인 것입니다. 내게 주어진 환경 혹은 내가 벗어날 수 없는 환경이 '월지'입니다. 우리는 책임과 고통을 마주하면 그것을 외면하려 하며 다른 곳으로 눈을 돌리곤 합니다. 내게 주어진 의무 즉 내 십자가를 당당하게 마주하는 삶을 사는 것, 천명(天命)을 직면하는 것. 그것이 자연(自然)이고 도(道)이지 않나 생각합니다.

  파랑새는 멀리 있는 것이 아니라 내 곁에 있음을 말하는 상담, 내가 마주해야 할 십자가가 무엇인지 조언하는 상담이 선생님이 뜻한 상담가의 역할이라 생각하게 되었습니다. **자기 자신과 세상에 대해 치열하게 고민한 사람만이 진심을 전할 수 있습니다. 자기가 자기를 위로하고 행복하게 만들어야 한다는 말씀이 큰 힘이 됩니다.**

운명이란
나도 모르게 내가 된 나

천인지 김병우

감정을 이성으로 통제하여
조금 더 나은 삶을 선택할 수 있도록 도움을 주는 것이 상담입니다.
맞추는 게 아니랍니다.

인터뷰에 들어가며

멘토와 점쟁이

멘토(Mentor)란 신뢰할 수 있는 상담 상대, 지도자, 스승을 말합니다. 김병우 선생님은 오랜 시간 나의 마음속 멘토로 계셨습니다. 건대 점쟁이로 알려진 선생님 강의를 듣다 보면 '점쟁이'라는 단어가 재미있게 여겨집니다. 진짜 부자는 자신의 부를 과시하지 않고, 앎에 닿은 사람은 자신의 앎을 과시하지 않게 됩니다. '점쟁이'라는 단어를 통해 선생님을 떠올리면 그분의 깊은 성찰이 더욱 선명하게 대비되어 드러나는 것 같습니다.

이 공부에 한참 심취해 있을 때 선생님과 통화했던 기억이 있습니다. 명리학 관련 학과에서 정규 교육과정을 밟는 것이 어떨지, 블로그나 유튜브를 통해서 내가 한 공부를 공유하는 것이 어떠해 보이는지 여쭤 보았습니다. 선생님은 웃으면서 "내가 하라고 해도 하게 될 것이고, 하지 말라고 해도 하게 되지요. 나는 그걸 알아요."라고 말씀하셨습니다.

명리학 공부에 더 매진해 보고 싶다는 생각에 교직을 퇴직하는 고민을 할 때에도 선생님과 이야기를 나누었습니다. 그때에도 선생님의 말씀이 큰 힘이 되었습니다. "이미 뜻을 세우고, 결정한 마음이면서 뭘 물어보나?" 하시는데, 제 속마음을 들킨 기분이었습니다.

  선생님께서는 이러한 내 생각과 욕망이 어디서 비롯되는 것인지 사주 글자를 통해 말씀해 주셨습니다. 누군가에게 도움이 되는 사람이 되고 싶은 마음이 많은 사람인데, 그런 본성을 활용하기에 명리 공부가 매우 적절하다고 하셨지요. 다른 사람의 마음을 헤아리고 함께 고민을 해결해 나가려는 나의 성향이 이 공부로 발현될 수 있을 것이라고 하셨습니다. 자신에 대한 이해는 행동과 마음가짐에 대한 용기로 이어집니다.

  선생님과 인터뷰하는 당일, 서울행 기차 안에서 인터뷰 콘티를 읽고 또 읽기를 반복했습니다. 약속 시간보다 두 시간이나 일찍 도착하여 국밥을 한 그릇 먹고 카페에 앉아서 인터뷰 대화를 머릿속으로 시뮬레이션해 보았습니다. 오랜 시간 존경 해오던 나만의 멘토인 선생님을 인터뷰할 생각을 하니 엄청난 부담감이 엄습해 왔습니다. 이제 와 그때 인터뷰 영상을 다시 보니, 긴장한 제 모습이 역력하게 보입니다.

  김병우 선생님을 보면 진정한 고수임이 느껴집니다. 항상 열려 있는 자세로 공부하고 강의하는 모습에서 닮고 싶은 분이라는 생각을 많이 하게 됩니다. 선생님은 매우 따뜻한 분이셨습니다. 편하게 대화를 이끌어 주셨습니다. 하지만 인터뷰 내용은 가볍지 않아 곱씹으면 곱씹을수록 그 깊이가 느껴져 전율이 일어납니다. 특히 인간 개개인의 본성을 이해해야 한다는 대목과 그 본성이 운에 의해 혼돈 속에 놓이는 것을 알아차려야 한다는 말씀은 뼈에 새겨야 할 것 같습니다. 내게 부여된 천명(天命)을 알고 세상을 살아가는 것은 반짝거리고 화려한 삶을 도모하는 일이 아닙니다. 천명, 본성에 대하여 알아간다는 것은 자연 속의 나, 관계 속의 나를 알고 내 안의 '참된 나'를 살아가는 일인 것 같습니다.

인터뷰를 시작한 초창기이다 보니, 진행하는 내 모습이 서툰 것이 보입니다. 진행이 매우 서툶에도 불구하고, 대화하는 내내 선생님께서 중심 맥락을 붙들고 이야기를 이어 나가셨습니다. 선생님의 내공 덕분에 인터뷰가 성공적으로 마무리되었습니다. 선생님의 깊은 지혜와 성찰을 들을 수 있는 소중한 시간이었습니다.

당신이 알고 있는 당신,
내가 알고 있는 당신

제이선생님 선생님, 인터뷰 요청을 승낙해 주시고, 좋은 자리 마련해 주셔서 너무 감사드립니다.

제이선생님의 명리에 대한 열정이 느껴졌습니다. 또 좋은 일 하시는 것이라는 생각이 듭니다. 세상 속에서 명리라는 학문이 공적인 학문으로 인정되려면 이러한 채널이나 지식 공유가 필요하다고 생각하고 있습니다.

제이선생님 감사합니다. 선생님 소개를 해보겠습니다. 선생님께서는 〈김병우역학원〉이라는 이름으로 상담을 시작하셨습니다. 2003년부터는 〈천인지 운명학〉이라는 이름으로 건국대 앞에서 상담과 교육을 하고 계십니다. 〈천인지 운명학〉 인터넷 카페를 운영하고, 유튜브를 통한 교육 활동도 하고 계십니다. 저도 선생님 강의를 많이 들었습니다. 새로운 시각과 풍부한 설명으로 많은 배움을 얻고 있습니다. 선생님께서는 대학에서 전자공학을 전공하셨다고 알고 있습니다. 전자공학과 명리학은 매우 동떨어진 학문인 것처럼 보입니다. 그런데 어떻게 이 공부와 인연이 되셨을까요?

전공 공부를 하기가 싫었나 봅니다. 2학년 때 도서관에서 《사주정설》이라는 책을 보게 되었습니다. 그때 이런 공부가 있다는 것을 알고 관심을 가지게 되었습니다. 이렇게 인연이 되려고 그랬는지 《사주정설》을 보자마자 단숨에 읽게 되었습니다. 그것이 시작이었고요. 그 이후 이렇게 공부를 이어 가게 되었습니다.

> **제이선생님** 상담가로서의 선생님이 계시고, 교육자로서의 선생님이 계신 것 같습니다. 먼저 상담에 대한 말씀을 들어 보고 싶습니다. 이 공부가 상담의 도구로 어떻게 쓰일 수 있는지 여쭤 보고 싶습니다.

내담자의 만족이 상담의 기본입니다. 이때 '만족'이란 맹목적 만족을 의미하는 것이 아닙니다. 사람들은 살면서 '혼돈'을 겪고 살아갑니다.

《대학》이라는 책에 '삼강령팔조목(三綱領八條目)'이라는 것이 있습니다. 삼강령이라고 하는 것에는 명명덕(明明德), 친민(親民), 지어지선(止於至善)이 있습니다. 여기서 명명덕(明明德)이라는 것은 자기의 본성을 밝히는 것을 의미합니다. 자기 본성을 밝히는 것이 인간 삶의 궁극적 목적이라 생각합니다.

사람들은 살아가면서 후천적으로 자기도 모르는 사이에 많은 것들과 섞이게 됩니다. 자신의 주체가 없어지는 것이지요. 자기 본성을 망각하는 것입니다. 보통 섞이고 혼탁해진다는 것은 내 능력에 맞지 않는 행위를 하려 한다는 것을 말합니다. 자질이나 진로 적성을 찾는 것처럼 이야기하지만, 진로 적성을 찾는 개념과는 다릅니다. 궁극적으로 자신의 틀, 다시 말해 본성을 보여주는 것에 의미가 있다고 생각합니다.

혼돈되어서 자신의 본성을 찾지 못하는 사람들에게 궁극적인 자기(自己)를 찾게끔 해줄 수 있는 학문이 명리학입니다. 자신의 본성을 찾는 데에 도움을 줄 수 있는 것이 명리 상담의 궁극적 목적이라 생각합니다.

혼돈, 혼재, 섞여 있다는 표현을 쓰기는 했습니다만, 궁극적으로 사람의 본성은 섞이지 않습니다. 살다 보니 자기도 모르게 혼돈되어 있고 혼재된 상태가 된 것입니다. 다른 사람의 생각이나 취향, 상황이나 환경에 따라가는 것을 섞인다고 표현한 것입니다. 그래서 상담하면서 자신의 본성을 들여다볼 수 있게 바로잡아 주려는 이야기를 많이 하게 됩니다.

예를 들면, 옆 사람이 가진 장점이 좋아 보일 때가 있습니다. 혹은 잠시 내 운에서 경험했던 반짝이는 그 무엇에 혼돈될 수 있습니다. 그럴 때 그런 식의 반짝임은 당신의 빛깔이 아니고, 당신만의 반짝임이 있음을 이야기하는 것이지요.

제이선생님 많은 사람이 추구하고 동경하는 반짝이는 삶이 있기도 하고, 나만이 추구하는 삶이 있기도 하겠지요. 사실은 그 개체마다 가지는 능력과 삶의 방식이 있는데, 운이나 주변 환경에 의해 혼돈되는 일들이 종종 있겠지요. 그럴 때 사람들은 좌절을 경험하기도 하고, 헛된 희망을 품기도 합니다. 개체마다 가지는 어떠한 에너지는 혼돈될 수는 있으나, 궁극적인 본성은 섞이지 않는다는 말씀인 것 같습니다. 자체의 본성을 이해하는 것이 중요하다, 그것이 명명덕(明明德)이다. 이렇게 이해하면 될까요?

네네. 본성을 밝히는 것이 명명덕(明明德)이라 이야기할 수 있겠습니다. 어지러워져 있는 것 즉 혼재된 것에서 고유한 그 사람의 자질과 기질을 찾아주는 것이지요.

제이선생님 좋은 말씀 감사합니다. 명리는 자신의 본성과 마주하게 하는 공부입니다. 그런데, 선생님. 저는 그동안 명리 공부는 열심히 했는데, 상담이 참 어렵습니다. 솔직히 어떤 방향으로 이야기를 전달할지에 대한 고민이 많습니다. 상담에 대한 선생님의 견해를 들어 보고 싶습니다.

상담의 문화가 조금 바뀌어야 하는 부분이 있다고 생각합니다. 70, 80년대 상담과 2000년대 상담이 다릅니다. 지금 우리는

2023년(인터뷰 당시)을 살고 있습니다. 상담의 기법은 시대에 맞게 변화해야 한다고 생각합니다.

그런데 명리학을 공부하고 또 상담하는 분들이 자꾸만 무언가를 맞추는 것에 집중하는 경향이 있습니다. 궁극적으로 생각해 봅시다. 과거나 미래에 관해 맞추려 하는 것은 손님에게 자신의 권위를 세우려는 마음이라고 생각합니다. 자신의 공부를 과시하려는 마음에서 더 중요한 것을 놓치게 되는 경우가 많습니다.

상담이 어렵다고 말씀하셨는데, 맞추려 하니 어려운 것입니다. 맞추려는 데에 집중하게 되면 이 공부는 어려울 수밖에 없습니다. 명리 상담가가 하지 말아야 하는 것은 '내가 이렇게 잘 맞추는 사람이야'라는 마음을 가지는 것입니다. 나는 맞추는 것보다 내담자가 하는 말, 표정이 중요하다고 생각합니다. 말과 표정이 사주 여덟 글자에서 확 보여야 한다고 생각합니다. 왜 이런 말을 내담자가 하는가를 팔자에서 이해하지 못한 상태로 답변하는, 부끄러운 것일 수 있습니다. 마주한 사람의 본질과 궁극적 기질에 대한 이해를 바탕으로 공감을 이끌어 가야 합니다.

운에 의해 사람은 혼돈됩니다. 겁재(劫財)가 운으로 오게 되면, 사람들은 자기 우월감의 마음을 가지게 됩니다. 윗사람에 대해 아니꼬운 마음을 가질 수 있습니다. 사람은 운에서 자꾸만 혼돈됩니다. 그렇다면 이것은 '감정'의 문제라 설명할 수 있어야 합니다.

그런데 마치 겁재(劫財)가 운으로 오게 되면 '이동하는 운'이라고 한다던가, 재물을 잃을 수 있는 것처럼 이야기하게 됩니다. 운의 변화에 의한 감정의 변화라는 것을 이야기해 줄 수 있어야 합니다. 감정의 변화가 초래할 결과들을 예측하여 상담에 활용하며 맞추려고 하는 상담에서 벗어나야 할 것입니다.

이동하는 운이라는 것을 맞추는 것이 중요한 것이 아닙니다. 당신은 지금 운에서 그런 감정 상태가 되었다는 것을 알려 줘야 한다고 생각합니다. '겁재'라는 운에 의해 우월감이라는 감정이 생겨난 것을 알려 줘야 합니다. 이성으로 감정을 통제할 수도 있습니다. 그런데 이 감정을 통제하기 어렵다면 이동할 수도 있을 것이라고 설명해 주는 것이 상담이라고 생각합니다. 이동하는 것을 맞춰서 뭐 하겠습니까.

> **제이선생님** 늘 운이 바뀌기 때문에 시시각각 우리는 혼돈 속에 있다는 말씀이지요?

자기 본성이 운에서 혼돈되고, 사람으로 인해 혼돈됩니다. 내 본성의 자립과 독립을 꾀하지 못하고 운 따라서 사람 따라서 왔다 갔다 하는 것이 사람입니다. **당신이라는 '사람'과 '혼돈'과 '감정'에 대해 이야기하는 것이 상담이라고 생각합니다.**

제이선생님 네 선생님, 어떤 말씀인지 크게 와 닿습니다. 본성에 대한 이해의 경험을 계속해서 성찰하면서 명리 공부를 이어나간다면, 이 공부는 자기 수양의 시간으로도 연결될 것 같습니다.

그럼요. 무엇보다 자기 수양이 됩니다. 그리고 세상에 대한 이해도 확대됩니다. 운명을 공부한다는 것은 사람을 이해한다는 것입니다.

제이선생님 아. 너무 멋진 공부인 것 같습니다. 선생님은 상담하실 때 그 사람의 입장, 그 사람이 가지는 가치관, 그 사람의 본성을 이해하고 상담을 진행하시는 거군요.

저만 그런 건 아니겠지요. 격(格)을 안다든가 용신(用神)을 안다는 것은 그 사람의 본성과 의지, 가치관, 삶의 이유를 알 수 있다는 것입니다. 이것을 이해해야 상담할 준비가 된 사람이라고 생각합니다.

상담가가 아니라 상담할 준비가 된 상태입니다. 마치 오래 사귀어 온 것같이, 때로는 상대방보다 더 많이 아는 것처럼. 사실 이 이야기는 무례한 것일 수도 있습니다. 자기 자신보다 나를 더 잘 안다고 이야기하는 것은 받아들이기 어려울 수 있습니다. 내담자 본인이 알고 있는 자기 자신과 상담가인 내가 알고 있는 당신이 다릅니다. 내가 알고 있는 당신을 주제로 대화하고 소통하는 것이 명리 상담입니다. '당신의 본성은 이것이다', '이것은 혼돈이다'라는 것을 제시할 수 있어야 합니다. 내담자가 스스로 자신을 바라볼 수 있는 길을 제공하는 것이 명리 상담입니다.

자기 영혼이 자립(自立) 되고 독립되지 않으면 사람은 누구나 타인의 말에 휩쓸립니다. 이 말 들으면 이 말에 휩쓸리고, 저 말 들으면 저 말에 휩쓸립니다.

제이선생님 영혼이 자립(自立)되거나 독립되려면 자기 본성을 이해해야 하는데, 자기 본성을 알아가는 방법은 여러 가지가 있습니다. 명상이나 종교 등이 될 수도 있고, 다양한 공부들이 될 수도 있겠습니다. 그런데 이 사주 명리학 공부는 본성을 이해하고자 하는 그 어떤 방법보다 자기 본성에 가까이 닿게 하는 공부인 것 같습니다.

맞습니다. 솔직히 나는 MBTI와 같은 성격검사보다 성격에 대한 이해에 있어 명리가 훨씬 뛰어나다고 생각합니다. 명리의 한난조습(寒暖燥濕)과 같은 기본적 개념만 알아도 본성을 심도 있게 이해할 수 있습니다. 그래서 선생님과 같은 열정 있는 분들이 양성화 작업을 해 주실 필요가 있습니다. 우리 후학들도 그렇고, 명리를 일상에서 배워나가고 적용해 나가면 좋겠습니다. 서양의 그 어떤 성격 및 심리 관련 도구보다 우월하게 쓰일 수 있다고 생각합니다.

제이선생님 네. 명리학은 매우 정교합니다. 선생님 강의를 들어 보면 인간에 대한 이해가 다각적이고 깊습니다. 혹시 심리학 공부를 따로 하셨는지 궁금합니다.

따로 심리학을 공부하지는 않았습니다. 그런데 심리학 하시는 손님들이 상담하러 오면 저 또한 심리학과 관련해서 다 검색해 보고 공부합니다. 가령 건축가 손님들이 오면 건축 관련 책도 보고 자료도 검색해 봅니다.

그렇게 해야지 음양오행이라는 것과 십신의 논리를 그분이 이해하기 쉽게 설명할 수 있습니다. 그분들과 소통하려면 그분들이 하는 일에 대해 최소한이라도 공부해야 합니다. 그래서 심리학 정도도 들춰 보기는 하였으나 전문가는 아닙니다.

나는 명리 전문가이지 심리학 전문가는 아닙니다. 사업가들이 오니 경제와 경영을 공부해야 하고, 정치하는 분들이 오시니 정치를 공부하게 됩니다. 정치를 공부하지 않고 정치를 하려는 손님에게 어떻게 도움이 되는 말을 해줄 수 있겠습니까. 그런 부분에서 생각하면 늘 부족하다는 생각이 많이 듭니다.

제이선생님 명리학이 인간에 대한 학문이기 때문인 것 같습니다. 상담을 통해 끊임없이 여러 영역을 접하시면서 선생님의 공부가 깊어지고 또 넓어진 것 같습니다.

다들 자신이 가지고 있는 관점과 초점으로 배우고 익히게 됩니다. 그것이 운명이기도 한 것입니다. 자기도 모르게 형성된 본성과 기질이 있습니다. 자신만의 포지션과 역할로 다양한 관계를 맺어 가는 것을 명리는 보여줍니다.

제이선생님 너무 신기한 것 같습니다. 아까 말씀하셨지만, MBTI가 대중화된 것처럼 명리학도 많이 알려지면 좋겠습니다. 명리학이 대중화되어 자기 본성을 이해하는 도구로 삼았으면 좋겠다는 생각이 듭니다.

앎을 통한 자유, 삶에 대한 감사

제이선생님 저는 선생님 강의 중에 육십갑자 간지에 대한 설명을 정말 감사하게 들었습니다. 간지를 통으로 보고, 육십갑자를 한 사이클로 보라고 하셨습니다. 한번 펼치고 한번 오므린다는 이야기가 상당히 와 닿았습니다. 그 내용에 대해 말씀해 주시면 좋겠습니다.

숫자라는 개념을 동양에서는 육십갑자로 이해합니다. 즉 육십진법의 순환적 관점을 가집니다. 육십갑자 즉 육십진법은 오늘날을 사는 우리에게 자연스럽지 않습니다. 하지만 과거 사람들의 삶 속에서 육십갑자 육십진법은 너무나도 자연스럽게 활용되던 개념입니다.

지금 우리가 이야기를 나누고 있는 이 순간은 임인(壬寅)년 기유(己酉)월 정해(丁亥)일 정미(丁未)시 입니다. 이러한 간지만 보고도 지금 순간이 어떤 의미를 나타내는가에 대한 메시지를 알아야 합니다. 명리학이란 간지를 이해하는 학문입니다. 간지를 천간과 지지로 나누어서 십간 공부하고, 십이지지 공부하고 있는 것이 사실입니다. 하지만 궁극적으로는 육십갑자를 순환적 관점에서 접근하며 공부해야 합니다.

제이선생님 제가 공부하면서 천간은 천간대로, 지지는 지지대로 계속 공부를 해왔습니다. 그러다가 선생님 강의를 보고 이것을 하나의 간지로 보는 공부를 시작하게 되었습니다.

그렇습니다. 간지학(干支學)이지요. 간단한 예를 들어 보겠습니다. 갑오년(2014년)에서 시작해서 계묘년(2023년)으로 끝나는 한 사이클을 우리는 살고 있습니다. 이제 갑진년(2024년)부터 시작하는 새로운 사이클이 시작됩니다. 갑진(甲辰)은 형체가 드러났다는 의미입니다. 갑목(甲木)이 나타나면 어떤 제도가 생겨나기 시작했다는 의미가 있습니다. 계묘(癸卯)까지 모든 것은 불투명합니다. 임인(壬寅), 계묘(癸卯), 갑진(甲辰). 이렇게 한 해 한 해 흘러가는 것을 보면 어떤 흐름으로 가겠다는 것을 예측할 수 있습니다.

> **제이선생님** 운의 흐름에 대해 말씀하셨는데요, 주어진 사주팔자의 여덟 글자와 운의 흐름에 대한 관계는 어떻게 이해하면 좋을까요?

팔자는 마치 자동차에 비유할 수 있습니다. 내가 대형차인지, 소형차인지. 승용차인지, 트럭인지, 어떤 모습과 역량을 가졌는지를 나타내는 것입니다. 팔자는 만물 가운데 바위일 수도, 어류일 수도, 조류일 수도 있습니다. 만물 속에서 각각의 개체들은 고유성을 가집니다.

대운(大運)이라는 것은 내가 살아가는 길입니다. 순(順)과 역(逆)이라는 이야기를 많이 합니다. 내가 살아가는 인생의 길에서 대개 다섯 번째 대운에서는 합을 하고, 여섯 번째 대운에서는 충을 하게 됩니다. 대운에서의 충극(沖剋)은 한 개체가 바뀌는 것을 의미하지 않습니다. 검증되는 것이라 이해하시면 좋겠습니다.

우리가 충과 극을 보기 위해서는 그 사주의 생(生)과 합(合)을 보아야 합니다. 충극은 검증을 이야기하는 것입니다. 고등학교까지 20년 공부해서 수능을 보게 됩니다. 수능을 보는 것이 충극입니다. 검증되는 것입니다. 내가 20년 동안 상생적 의미로 공부를 해온 사람이라면, 충극의 시기에 기쁩니다. 시험지를 받아 들고 아는 문제를 보며 기뻐한다는 것입니다. 생을 하지 않고 내가 학교 다니는 동안 공부하지 않았다면, 시험지 답안에서 답이 보이지 않습니다. 충극은 검증받는 것입니다. 따라서 충과 극을 볼 때는 합을 봐야 하고 생을 봐야 합니다. 합이나 생을 보는 것은 어떤 준비가 되어 있는지를 보는 것입니다.

제이선생님 50대의 대운이 되면 모든 사주의 월(月)이 충을 합니다. 그렇다면, 50대의 나이가 되면 모두 검증받는 시기가 되는 거네요. 자기의 삶을 검증받는 나이. 공자가 50에 지천명(知天命)을 이야기한 것과 무관하지 않은 것 같습니다.

40대, 50대가 되면 자기 얼굴에 책임을 져야 합니다. 건강 상태와 정신 상태를 탄탄하게 만들 필요가 있습니다. 여섯 번째 충(沖)하는 대운 전까지 자기 소신과 자기 의지가 굳건하게 만들어졌다면, 충극은 기쁨입니다. 그때 인품을 자랑할 일이 생기는 것입니다. 50년 삶을 건실하게 살아왔다면 인품이 검증되었으니 존경받는 사람이 되는 것입니다. 50년 삶을 상생으로 살지 않고 허송세월하였다면, 타인들로부터 지탄받을 수도 있겠지요. 그것이 충극입니다.

제이선생님 '충이 되는 대운에서 사람의 성향이 바뀌나? 그렇지는 않을 텐데. 그렇다면 이것을 어떻게 이해하고 접근해야 하나?' 공부하면서 고민이 많았습니다.

충극이 들어오면 선명해진 것입니다. 이 또한 기쁜 일이라 생각합니다. 내가 80점짜리 공부를 해왔는지, 90점짜리 공부를 해왔는지 평가를 받는 것이지요. 검증받기 싫어하는 사람들은 충극이 싫겠지요. 하지만 선수촌에서 운동하시는 분들은 올림픽만 기다립니다.

제이선생님 선생님, 말씀 감사합니다. 충극의 의미를 다시 한번 생각해 보겠습니다. 2019년이었던 것 같습니다. 선생님과 통화를 할 때, 이 공부를 하면 좋다고 말씀하시면서 삶이 자유로워진다고 말씀해 주셨습니다. 그 말씀이 너무 마음에 와 닿아서 깊이 새기고 있습니다. 이 공부를 통해 삶이 자유로워진다는 것은 앞서 이야기 나누었던 본성을 이해하는 것이라는 생각이 듭니다. 명리 공부와 삶의 자유에 대한 선생님 견해를 더 들어 보고 싶습니다.

너무 간단한 이야기입니다. 사주를 본다는 것은 그 사람의 본성을 알기 위한 것이고, 우리가 명리를 배우고 익히는 것은 사람을 이해하기 위한 것입니다. 첫째는 나의 분수를 아는 것입니다. 또 주변 사람의 어떤 기질을 이해하는 것입니다. 이것에 대한 이해가 선명할수록 내가 편해지는 것입니다. 우리는 살아가면서 많은 사람과 원만한 관계를 맺기 위해 배우고 익히며 공부합니다. 그 속에서 스스로 자유로워지는 것이랍니다.

제이선생님 네. 그 의미를 조금은 알 것 같습니다. 이 공부가 참 좋은 것 같습니다. 이 공부가 조금 더 대중화되면 좋겠다는 생각을 많이 하게 됩니다. 선생님께서는 20년 이상의 긴 세월 동안 꾸준히 강의를 해오셨습니다. 이러한 배움을 나누신 것에 대해서 너무나 감사한 마음이 듭니다.

지나서 보면 저 같은 사람에게 한마디 듣고자 손님들이 찾아와 준 것이 감사한 것이지요. 이 또한 음양(陰陽)이지요. 손님들과 소통하며 공부할 수 있는 데이터가 쌓이는 것입니다. 또 저에게 배움을 청하고자 하시는 분들 덕분에 저는 논리가 생겼습니다. 제가 워낙 명리를 좋아하다 보니, 명리 잘하는 사람과 명리를 좋아하는 사람을 좋아하게 되더라고요. 스스로 발전하지 않으면 그분들에게 새로운 것을 줄 수 없으니, 감사한 일입니다.

제이선생님 이 공부가 너무 좋아서 스스로 공부해 나가면서 긴 세월 보낸 분들이 많으신 것 같습니다. 그러한 공부를 강의로 나누는 분들도 많고요. 저는 이런 세월을 사신 분들이 많다는 사실이 너무나 감동적입니다. 이 공부가 소외된 세월이 길었던 것이 사실입니다. 명리학을 공부하고 상담가로 살아간다는 것이, 재관(財官)이라는 사회적 보상이나 지위가 주어지는 자리가 아니지 않습니까? 온라인이 발달하기 이전 시절은 더욱 그러했을 것입니다. 그럼에도 묵묵히 꾸준히, 다만 이 공부가 좋아서 쭉 이어오셨다는 것이 진심으로 감동적입니다. 감사합니다.

사람은 역할이 있습니다. 술월(戌月)에 토가 왕한 송 선생님 같은 경우 세상 사람들과 이 시대가 무엇을 원하는지 조사하고 알아가야 하는 분입니다. 다양한 사람들이 무엇을 원하는지 파악하고 거기에 부응하는 명리의 논리적 체계를 준비하고 만들어 가시기를 바랍니다. 많은 분을 인터뷰하면서 자기만의 논리를 세우시길 바랍니다. 자기만의 음양오행 논리를 만들지 않으면 기준이 섞여 버립니다. 시대 속에서 양질의 지식은 살아남을 수밖에 없습니다. 부족한 지식은 사장됩니다. 자기만의 음양관(陰陽觀), 오행관(五行觀), 십신관(六神觀)을 만드셔서 세상이 탁 보이면 좋겠습니다.

이 공부를 통해 희열을 느낄 때가 많습니다. **감정을 이성으로**

통제하여 조금 더 나은 삶을 선택할 수 있도록 도움을 주는 것이 상담입니다. 맞추는 게 아니랍니다. 당신은 지금 이러한 감정 속에 있다, 이대로 있으면 어떠한 결과로 향하게 된다, 그렇다면 이성적으로 어떤 판단을 해야 하는가, 이러한 순서로 대화를 해보아야 합니다.

우리의 상담기법도 이 시대에 맞게 변화할 필요가 있다고 생각합니다. 그래야 심리라는 학문과 맞설 수 있을 것 같습니다. '운명은 정해져 있다, 따라서 결론은 이것이다'라는 상담기법은 명리학의 발전을 가로막는다고 생각합니다.

> 제이선생님 공부하는 많은 사람이 이 학문을 진심으로 아끼고, 좋은 방향으로 나아가는 그런 시간이 왔으면 좋겠다는 생각이 듭니다. 선생님, 너무나 좋은 말씀 감사했습니다. 마지막으로 공부하는 분들께 덕담 한마디 부탁드리겠습니다.

음양오행, 명리학 많이 사랑해 주십시오. 사랑해도 될 만한 가치가 있는 학문입니다. 정말이지 알면 알수록 사람을 이해할 수 있는 매력 있는 학문입니다. 이 공부가 상식화될 수 있고 일반 속에서 이야기될 수 있으면 참 좋겠다는 마음입니다.

인터뷰를 마치고

굵직한 결정이나 변화를 앞두고 김병우 선생님께 상의를 종종 드렸습니다. 이 공부를 취미로 해야 할지 대학에 들어가서 학위를 받는 절차를 밟을지 여쭈었을 때, 선생님께서는 무조건 대학에 가서 박사까지 하라고 격려하셨습니다. 인터뷰를 하고 싶다고 넌지시 말씀드렸을 때도 재미나게 시작하자며 힘을 실어 주셨습니다. 24년의 교직생활을 마무리할 마음을 먹었을 때도 열심히 해보라며 응원하셨습니다.

"내가 하라 말라 하기 전에 본인이 결정했으면 그렇게 한다는 걸 나는 알지요."

상담 끝에 선생님께서 항상 하신 말씀입니다. 나는 정말이지 변화를 싫어하는 사람입니다. 하지만 어떠한 결정을 실행할 때는 앞뒤 재어보지 않고 결정을 내리는 무모한 면이 있습니다. 선생님께서는 그러한 단호함을 내 사주에서 보신 것 같습니다.

나는 당연히 고등학교 교사로 정년퇴임을 할 것이라 굳게 믿고 있었습니다. 학생들을 좋아하고, 수업하는 것을 즐거워하기 때문입니다. 그런데 이렇게 전혀 다른 방향의 공부를 하게 되고, 이 공부를 하고 싶어 평생의 직이라 생각한 자리를 내려놓았습니다.

선생님께서 무료로 나누어 주신 주옥같은 강의들은 명리를 이해하는 나의 식견을 다채롭게 해 주었습니다. 그 가르침과 응원에 힘입어 오래도록 연구하고 공부할 생각입니다.

헤르만 헤세의 소설 〈싯다르타〉의 주인공 싯다르타는 다양한 경험을 통하여 본성을 알아가는 삶을 삽니다. 인간의 본성(本性)은 다시 천명(天命)과 이어져 있습니다. 〈싯다르타〉에 나오는 '이 길이 어디로 이어지든, 나는 이 길을 가고 싶다.'라는 문장에서 천명(天命)을 생각하게 됩니다. 이것은 운명에 맞서 싸우는 것이 아닙니다. '흐름에 맡긴 채 통일성에 귀속되는 깨달음' 이것이 천명(天命)을 아는 일인 것 같습니다. **나에게 이익이 보장되지 않더라도, 꽃길이 아니라 험난한 자갈밭이더라도 당당하게 걸어가고 싶은 길이 있다면, 그리고 그 길을 걷는 내 마음에 신명(神明)이 저절로 일어난다면, 그것이 천명(天命)을 살아가는 것이 아닌가 생각해 봅니다.**

자유를 원한다면 운명을 즐겁게 받아들이길

학선 류래웅

인간은 일단 기본적으로 '윤리(倫理)' 안에 있습니다.
누가 보지 않는 곳에서도 자기 행동이 올곧아야
진짜 덕이 있는 사람이 되겠지요. 그리고 겸손함이 필요합니다.

인터뷰에 들어가며

모든 것으로부터의 자유

　모든 인터뷰를 통틀어 가장 기억에 남는 장면을 꼽으라면, 류래웅 선생님으로부터 책을 선물받던 순간입니다. 긴 인터뷰를 마치고 선생님께서는 가족들의 부축을 받아 안방 침대에 누우셨습니다. 그리고 어깨를 사용해 힘겹게 서명을 하셨습니다. 힘드신 것 같아서 하나만 해 주셔도 된다고 말씀드렸는데, 여섯 권을 모두 서명하셨습니다. 그때를 어떻게 설명해야 할까요. 그 시간이 아주 느리게 느껴졌습니다. 멈춘 시간, 비어 있는 공간에 놓여 있는 기분이었습니다.

　모든 것으로부터 자유는 진정한 자신을 만나게 하는 것 같습니다. 나는 어떤 부름을 받은 기분이 들었습니다. 반드시, 최선을 다해서 끝까지 공부하겠다는 약속을 마음 깊숙이 새겼던 시간이었습니다. 나와의 약속이기도 하고, 선생님께 드리는 약속인 동시에 다짐이었습니다.

　역학을 공부하는 사람 중에 학선 류래웅 선생님을 모르는 사람은 없을 것 같습니다. 연세도 그렇고, 그 삶의 행적이나 일화가 대단하기도 하여 범접할 수 없는 분인 것처럼 여겨졌습니다. 선생님께 인터뷰를 청하는 전화를 드릴 때는, 청화 선생님과 창광 선생님 그리고 백민 선생님과 인터뷰에 대한 허락을 얻고, 구체적 내용에 대해 논의하던 때였습니다. 여러 선생님께 허락을 얻고 이야기를 나누다 보니, 나도 모르게 자신감이 생겼나 봅니다.

류래웅 선생님 사무실로 무턱대고 전화를 걸었습니다. 통화는 아주 짧게 이루어졌습니다. 인터뷰를 하고 싶다고 말씀드렸는데, 백민 선생님께서 허락하셨다면 더 알아볼 필요도 없다며 해보자고 하셨습니다. 내가 사는 곳이 부산인 걸 아시고는, 울산에 갈 일이 생길 테니 인터뷰 날짜는 천천히 잡아 보자고 하셨습니다. 전화를 끊고는 이것이 꿈인지 생시인지 얼떨떨했습니다.

통화 이후 선생님께서 2023년 4월 울산 강연회에 초청해 주셨습니다. 울산 유에코(UECO)에서 열린 강연회는 선생님의 역학인생 반세기, 개원 51주년 기념을 겸하는 행사였습니다. 기문둔갑에 대한 강의가 있었고, 연이어 명리 등 다양한 주제의 역학 강의가 이어졌습니다. 뜻 깊은 날 선생님을 처음 뵈었습니다.

내가 뵈었던 대부분 선생님은 오랜 시간 강의를 들으며 익숙해진 분들이기도 하였고, 상담을 통해 나에 대해 어느 정도 이해가 있는 분들이셨습니다. 그런데 류래웅 선생님과는 사전 상담도 하지 않았고, 개인적으로 대화를 나눈 시간도 아주 짧았기 때문에 인터뷰 준비 과정에서부터 막막함이 밀려 왔습니다.

인터넷 카페 〈고려기문학회〉에서 선생님 글을 읽고, 그 철학적 견해를 정리하면서 어떤 주제로 대화를 이어나갈지 고심했습니다. 인터뷰에 대한 대략적 콘티를 작성해서 보내드리고도 암담한 마음이 일었습니다. 뵙기 직전까지 계속해서 선생님에 대한 정보를 탐색한 시간이 있었습니다.

인터뷰를 시작하자마자 내가 괜한 걱정을 했다는 것을 알게 되었습니다. 대화하는 내내 행복했습니다. 무엇보다 선생님의 유머 감각은 어떻게 설명할 방법이 없습니다. 선생님과 가족분들의 따뜻한 배려로 마음 편하게 말씀을 들을 수 있었습니다. 인터뷰를 마치고 가족분들과 함께 식사하는 자리가 마련되었는데, 그 자리에서 얼마나 많이 웃었던지 배가 아플 지경이었습니다.

선생님께서는 어린 시절 사고로 소아마비로 평생을 살아오셨습니다. 그럼에도 함께 있는 내도록 선생님이 장애가 있다는 사실을 전혀 인지하지 못했습니다. 가족분들이 자연스럽게 손발이 되어 주었고, 선생님께서 너무나 큰 어른으로 계시기 때문이기도 한 것 같습니다.

선생님께서 몸이 불편하다는 사실을 인지한 것은 나에게 책을 선물하던 시간에서였습니다. 손으로 글을 쓰는 일이 어렵다는 것에 대해서도 생각하지 못했습니다. 저서나 출판물이 많고, 다양한 활동을 해 오셨기 때문에 컴퓨터를 사용하거나 필기하는 일에 어려움이 있으리라고는 상상하지 못했습니다.

글을 쓰는 선생님의 모습은 공기처럼 가벼웠고, 자유로움이 넘쳐흘렀습니다. 선생님께서 어깨를 이용해 글을 적어 내려가는 동안, 여러 단어가 머릿속에 스쳤다 사라졌습니다. 공기, 물, 바람, 별, 땅, 얼음, 사람, 영혼, 삶, 행복, 슬픔, 아픔, 기쁨, 환희, 권력, 돈, 사랑, 명예, 건강, 진리, 진실, 공부, 존경, 학문, 몰입, 노력…….

그 어떤 단어로도 그때 느낀 어떤 이해를 설명할 수 없을 것 같습니다. 그나마 가장 어울리는 단어를 꼽자면 '자유'입니다. 모든 것으로부터의 자유, 그날의 감동과 다짐을 잊지 않아야겠습니다.

학(學), 술(術), 도(道)의
역학(易學)과 함께, 50년

제이선생님 학선 류래웅 선생님과 말씀 나눠 보겠습니다. 선생님께서는 1973년 〈오행원〉을 개원하셨습니다. 1998년 〈고려기문학회〉를 만드셨고, 2000년에 〈태을출판사〉를 설립하셨습니다. 2003년부터 2012년까지 공주대학교 대학원 역리학과와 동양학과에서 기문둔갑 강의를 하셨습니다. 2013년 〈명과학 연구〉라는 학술지를 발행하셨습니다. 현재 고려기문학회 회장이시고, 태을출판사 대표이시고, 오행 철학원과 네쌍스 작명 센터 대표이시고 〈월간 역학〉 고문이십니다. 소개해야 할 부분들이 너무 많지만, 제가 일단 여기까지 선생님 약력을 소개해 보았습니다.

그냥 오래 살다 보니, 이것저것 하다 보니, 앞에 이상한 것들이 붙었습니다. 네. 자. 그러면 …… 〈하루 한 장 명리〉 유튜브 시청자 여러분 안녕하십니까. 명리학의 한국 최고 방송을 운영하시는 송민정 선생님을 격려하는 차원에서 인터뷰에 응하게 되었습니다. 궁금하신 것을 물어보시면, 아는 데에 한해 성실하게 응답해 드리겠습니다.(웃음)

제이선생님 아 …… 선생님. 갑자기 그렇게 칭찬해 주시니 너무나 당황스럽습니다.(웃음)

선생님, 〈월간 역학〉이라는 책이 있던데요. 제가 역학을 공부하기 전에도 도서관에 가면 간행물 코너에 꽂혀 있었던 기억이 있습니다. 〈월간 역학〉이 올해 34주년을 맞이했다고 들었습니다. 2023년 7월 표지 모델로 선생님께서 나오셨습니다. '되돌아본다, 역술 인생'이라는 이야기로 글을 게재해 주셨던데, 제가 선생님 뵙는 이 시기도 7월이고 해서 더욱 의미 있는 것 같습니다.

울산에서 강연하실 때 초대해 주셔서 뵈러 갔었는데, 많은 사람이 와서 강연에 참석하고 선생님 51주년을 축하해 드리는 모습이 보기 좋았습니다. 선생님께서는 제자분들이 참 많으시지요?

글쎄 수십 년 동안 했으니까. 이런저런 인연으로 제자들도 있습니다. 학교에서도 11년 동안 강의했으니 후배도 있고 제자도 있고, 뭐 그렇습니다. 제가 72세가 조금 넘었는데 다른 분들보다는 역술에 일찍 입문했기 때문에 경력이 좀 오래됐어요. 그러다 보니, 이렇게 저렇게 인맥이 많이 얽혀 있습니다.

제이선생님 울산 강연회에 많은 사람이 모여 선생님께서 50년 동안 역학에 힘쓰신 것을 축하하는 것을 보고 감동을 많이 받았습니다. 이번 〈월간 역학〉에 쓰신 글 잘 읽었습니다. 쓰신 글 중 '예언' 부분에 관해 이 자리에서 말씀해 주실 수 있으실까요?

우리 아버님이 상당히 늦은 나이에 저를 낳으셔서 마음이 좋으셨던 모양이에요. 제가 태어난 다음 날 출생신고를 하러 가다가 길바닥에서 점을 보는 사람을 만나게 되셨어요. 그분한테 제 이름하고 생년월일을 대니까, 잘 키우면 장관 자리 하나는 할 수 있는 팔자라고 하더랍니다. 그런데, 세 살 때 죽거나 아니면 장애를 입을 수 있으니 잘 키우라고 말했다 그래요. 일어서서 가려는데 '만약 아이가 죽지 않고 살아서 장애를 가지게 되면 역학을 공부하게 하시오'라고 했다고 하더라고요. 그런데 제가 세 살 때 언덕에서 굴러가지고 소아마비가 되었습니다. 그리고 열다섯 살쯤 됐을 때 친척 분을 통해서 알게 된 분 밑에서 역학을 공부하게 되었습니다.

제이선생님 '백두 노인'이라는 분에게서 공부하신 이야기군요. 역학(易學) 중에서 명리(命理)를 먼저 접하셨습니까?

그분은 종합적으로 이것저것 다 했어요. 주역이나 육효, 방술 역학을 많이 하셨지요. 그런데 공부에 대한 갈증이 더 커졌습니다. 어느 날 신문을 보았는데 김계홍 선생님께서 대면이 아니라 통신으로 교육하신다는 광고가 났길래 알아보았어요. 그때부터 김계홍 선생님께 공부를 시작했어요. 전문 역술인이 될 마음이 처음에는 없었어요. 신춘문예 투고하고 떨어지고, 글을 좀 썼지요. 그런데 우리 아버님이 돌아가셔서 생활비를 벌어야 하는 상황이 되었습니다. 그런 이유로 그동안 배웠던 역학을 가지고 역술을 업으로 시작하게 되었지요. 2, 3년만 해야지 했는데, 50년이 넘게 하고 있네.

제이선생님 1973년 오행원 개원을 말씀하시는 것이지요? 그렇게 시작하신 게 50년 이상 되셨네요. 선생님께서는 기문둔갑, 풍수지리, 명리 등 역학의 다양한 영역에서 두루 공부를 섭렵하신 것으로 알고 있습니다.

'기을임(奇乙壬) 삼수(三數)'라고, 기문(奇門), 태을(太乙), 육임(六壬)의 세 가지 역학(易學)을 다루면 신선의 경지라는 말이 있습니다. 그런데 대한민국에 기문(奇門), 태을(太乙), 육임(六壬) 하는 분이 많지는 않아요. 많이 퍼진 것은 명리(命理)지요. 하는 사람도 많고 고수도 꽤 많습니다. 저도 명리(命理) 책을 두 권 썼습니다. 그런데 출판 목적으로 쓴 건 아니에요. 강의 자료들을 정리하여 출간한 것이라 제대로 손질을 못 하여 문맥이 조금 거칩니다.

제이선생님 다양한 출판물이 있으신데요. 명리 관련해서《사주실록》

등이 있고, 기문둔갑이나 풍수 관련 책도 있으시지요?

《기문둔갑 신수결》은 일 년 운세를 기문둔갑으로 집중적으로 보는 겁니다. 알고 보면 기문둔갑이 명리보다 더 쉽습니다. 《기문둔갑 건곤대법》은 제목을 너무 거창하게 했어요. 폼을 좀 내 보려고. 또 《주택 풍수보감》이라는 책이 있어요. 흩어져 있는 자료를 모아서 손질하고, 실험해 보고 만든 책이에요.

기문둔갑은 공부 초기 단계만 지나가면 쉽습니다. 명리가 훨씬 어렵습니다. 들어갈 때 웃고 들어가서, 나올 때 울고 나오는 학문이 사실은 명리학이에요. 기문이나 자미두수는 들어갈 때 울지만, 나올 땐 웃고 나와요. 역학(易學)은 크게 세 가지로 나누어 볼 수 있습니다. 학문적인 것, 술수적인 것, 그리고 도(道)가 있습니다. 내 생각에 명리(命理)는 도(道)에 가깝습니다.

제이선생님 역학 공부는 정말 무궁무진한 것 같습니다. 기을임(奇乙壬) 삼수(三數)에 능하신 선생님께서는 정재계(政財界)의 인사들을 포함한 다양한 사람들을 상담해 오신 것으로 알고 있습니다. 50년 동안 거의 하루도 빠짐없이 상담했다고 얘기하시면서, 권력이 있든 없든, 부가 있든 없든, 주제들은 한결같다고 하셨습니다. 실제 상담에 도움이 될 만한 이야기, 상담 사례 등에 대해 이야기를 들어 보고 싶습니다.

긴 세월 상담했으니 기억에 남는 것이 많죠. 그런데 일일이 너무 곱씹으면 제가 머리가 터질 것 같아서. 웬만하면 상담한 내용은 잊어버리도록 노력합니다. 상담할 때 한 사람의 큰 줄기를 볼 때는 명리학이 우수합니다. 그때그때 순간적인 판단을 할 때는 육효가 신묘한 부분이 있습니다. 명리는 망원경과 같습니다. 멀리 보는 거지요. 멀리 넓게 보는 것. 육효는 현미경이에요. 정밀하게 보지요. 기문둔갑은 중간 정도이지요.

제이선생님 선생님. 기문둔갑, 육효가 명리 공부보다 쉽다고 하셨지요?

정말 더 쉽습니다. 오행만 알면 금방 배웁니다. 대신에 육효는 점의 영역이에요. 그래서 자기 마음이 불안정하거나, 스스로 믿지 않으면서 점을 치면 안 맞습니다. 자기부터 믿어야 해요. 자기가 마음이 청정해야 점이 맞아요. 그래서 제가 젊어서 친 육효는 신통방통했는데, 나이 먹어서 치는 육효는 잘 안 맞아요. 사람 너무 많이 만나고 술을 너무 먹어서 그런지.(웃음)

제이선생님 마음을 수양하고 해야 한다는 말씀이지요?

그렇지요. 마음이 맑아야 해요. 기문이나 명리학은 시간이 갈

수록 더 잘할 수 있어요. 경험이 쌓이니 그럴 수밖에요. 그런데 육효는 경험보다 기운이 중요합니다. 경건한 마음이 있어야 하지요. 경험하고는 좀 다른 문제예요.

제이선생님 선생님 이야기해 주신 사례 중에 자민련 창당에 관한 일례도 있지 않습니까? 그런 큰 사안에 대해 확신하면서 이야기하시는 것은 육효로 말씀하시는 것인가요?

자민련을 창당하신 분이 김종필이지요. 당시 대단한 권한을 갖고 있던 사람이에요. 그 사람의 일진이 중요합니다. 배에서 선장이 운이 나쁘면 배가 전복당하잖아요. 29일 원래 창당하기로 한 날 그 양반 일진이 나쁘더라고요. 다음날은 반대로 좋다고 이야기했지요. 그래서 창당 행사를 하루 미뤘어요. 그런데 29일은 비가 억수같이 쏟아졌어요. 다음날은 쾌청했고요. 이 일을 계기로 이쪽 관계되는 분들을 거의 다 만났지요.

제이선생님 종합적으로 판단하신 것이 잘 맞았던 것 같습니다. 그 일을 계기로 또 다양한 분들과 인연이 되셨나 봅니다. 이번에는 역학 공부에 도움이 되는 이야기를 해 주시면 감사하겠습니다. 오랜 세월 공부해도 사주를 본다는 것은 쉽지 않은 일입니다.

어느 정도 공부 수준에 도달하기 전까지는 자기 주변 사람들 사주는 보면 안 됩니다. 주변 사람의 사주로 연구할 때 어떤 문제가 생기냐면, 보통 80퍼센트의 사람들이 좋게 보고 싶어 해요. 이렇게 생각을 자꾸 굳히면서 삐딱한 시선을 가지지요. 그래서 공부가 어느 정도 수준에 오르기 전에는 주변 친한 사람 사주 가지고 연구하시면 절대 안 됩니다. 뒤죽박죽됩니다. 자기와 좋은 감정 또는 악감정이 있는 사람들 것도 공부하면 안 되고요.

일단《연해자평》《명리정종》《삼명통회》《궁통보감》《적천수 (적천수 징의, 적천수 천미, 적천수 보주, 적천수 집요)》《자평진전》《명리약언》이런 글을 열심히 보셔야 합니다. 여기 있는 명조를 열심히 연구하셔야 해요. 물론 그 책들에도 잘못된 부분이 있을 거예요. 하지만 맞는 게 더 많겠지요.《적천수 천미》같은 데에는 오백 개가 넘는 사례가 나와요. 그런 걸 가지고 공부하셔야지 자꾸 주변 사람들 사주를 가지고 연구하면 안 됩니다.

> **제이선생님** 나와 관계되지 않은 사주를 계속 보라고 조언해 주시는 것이네요.

그렇지요. 4단 운동선수가 깡패와 만나서 맞고 왔어요. 운동선수는 격식에 맞춰서 훈련을 해왔겠지만, 전투 경험이 있는 깡

패와 붙었을 때는 게임이 안 되는 거지요. 명리도 그래요. 이론만 아무리 잘 알아도 소용없어요. 그리고 경력이 50년 됐다, 이런 것도 자랑할 필요 없어요. 손님한테 한 마디라도 틀리면 그 다음부터는 지옥이에요.(웃음)

| **제이선생님** 실전에 강해야 한다는 말씀이지요?

제 제자 한 사람이 이름을 붙여줬어요. '자평 명리학' 이런 것처럼, 저에게는 '맞춤 명리학'이라고 이름을 지어 줬어요. 맞춰야 해요. 무조건.

| **제이선생님** 선생님께서는 상담하실 때 철칙이나 원칙 같은 것이 있으실까요?

기본적인 판단은 해줘야겠지요. 하지만, 기본적인 이야기도 어느 정도 선에서 끝내야 합니다. 말이 많아지면 실수하게 되기도 해요. 그렇게 되면 먼저 잘 판단한 것도 묻혀버려요. 프로의 입장에서는요, 맞춘 것이 고객 뇌리에 팍 하고 꽂혀야 해요. 똑같이 맞춰도 각인이 탁 되어야 해요.

| **제이선생님** 선생님만의 맞춤 명리로 50년 세월 동안, 많은 사람이 선

생님과 대화를 나누고, 감사한 경험을 했을 것 같습니다. 이런저런 깨달음과 깨우침을 얻어가서, 그것을 바탕으로 삶을 꾸리고 이어갔을 것입니다.

많이 들어줘야 합니다. 그 사람의 아픈 사연을 들어주고 공감해 주고 그래야 합니다. 예언이나 이런 건 정말 조심해야 합니다.

역학, 전 국민의 교양 과목

제이선생님 선생님께서는 공주대학교 대학원 역리학과(易理學科)와 동양학과에서 10년 이상 대학원생들을 지도하신 것으로 알고 있습니다. 역리학과나 동양학과는 어떤 공부를 하는 곳인지 궁금합니다.

공주대학교에 처음에 역리학과가 만들어졌어요. 그 명칭 때문인지 박사 과정이 개설되지 않았습니다. 그래서 학과 명칭을 동양학과로 개칭한 것입니다. 2003년 무렵, 학과 개설에 대해 논의가 있었어요. 그러면서 커리큘럼을 짰지요. 역리학과이니

역학(易學) 관련 과목으로만 커리큘럼을 짰어요. 그랬더니 그 학과를 반대하는 교수들이 많았어요. 국립대학에서 무슨 미신 학과를 만드느냐고. 그래서 초창기 때는 영어나 다른 교양 과목을 많이 넣어서 겨우 만들었지요.

저는 〈기문둔갑〉 과목을 10년 동안 강의했지요. 그러다 보니 박사가 된 사람도 있고, 내가 뒤로 물러나야 배출된 사람들이 강의 자리가 하나라도 생길 것 같아서 그만뒀어요.

제이선생님 지금도 〈기문둔갑〉이나 역학 과목들이 국립대 커리큘럼에 들어가기 쉬운 일이 아닐 텐데, 이런 교육과정으로 국립대학에 학과가 생겼다는 것이 대단하게 여겨집니다.

제도권 대학 안에 역학과가 있는 곳은 세상 어디에도 없어요. 참, 몽골의 국립대학교에는 역학과가 있었습니다. 세계 최초지요. 제가 몽골 역학 교재를 가지고 있거든요. 몽골을 제외하고는 없어요. 일본, 중국, 대만도. 일본 역술인들이 굉장히 부러워합니다. 자기네 나라에서는 아직 못 하거든요. 우리나라는 학교에 생겼지, 석사 배출하고, 박사 나오고 하니까 굉장히 부러워합니다. 역학은 현재 우리가 세계 최선진국입니다.

제이선생님 선생님을 비롯한 여러 선생님들께서 노력하고 끌어 주신 덕분이라는 생각이 듭니다. 흩어져 있던 이런 공부를 모아서 제도권으로 연결하시기까지 엄청난 노력이 있었다는 것을 알게 되니 감사한 마음이 절로 생깁니다. 선생님께서는 명리학이 어떤 식의 발전을 해나가게 되리라 생각하시는지요?

직업, 적성, 건강 이런 식으로 항목을 구체화해서 명리 상담하는 분들이 늘고 있어요. 앞으로 운명 상담은 그런대로 또 유지되겠지만, 주제별로 발전할 것 같습니다. 분야별로 나눠질 것 같습니다. 궁합 전문이라든지. 진로 전문이라든지. 다양화가 될 것 같습니다.

조선시대 선비들은 주역을 달달 외웠어요. 그 시대 사람들은 다 점을 할 줄 알았어요. 〈난중일기〉를 보시면 이순신 장군이 점친 이야기도 많아요. 〈징비록〉의 류성룡도 한의학에 박학했습니다. 한의학은 역학과 쌍둥이 학문이니 그분도 역학에 능통하셨겠지요.

지금 여러 가지 발전 방향으로 보았을 때, 전 국민의 역학자, 역학을 교양으로 알게 되는 때가 있을 것입니다. 옛날에는 운전이 고도의 기술이었죠. 지금은 너도나도 다 운전하잖아요. 아마 그럴 것 같습니다.

| **제이선생님** 인문학의 한 분야로 명리학뿐만 아니라 다양한 분야의

역학이 널리 알려져서 긍정적으로 쓰이면 좋겠다는 생각을 해봅니다.

그렇지요. 이것이 긍정적이지 않은 방향으로 쓸 수 있는 영역이기도 하니, 누군가가 중심축을 잘 잡아야 할 것 같습니다.

제이선생님 〈월간 역학〉에 쓰신 글의 마지막 부분에 '이제 정리하지 못한 학문을 정립해야겠다.' 이런 문장이 있었는데요. 앞으로 어떤 계획이 있으십니까?

책을 두 권 정도는 더 집필할 것 같고요. 체력이 허락하면 세 권 정도. 명리 서적을 반 정도 집필한 것이 있고, 기문둔갑에서 국운을 보는 부분만 따로 집필하고 있는 것은 거의 다 되어가고 있습니다.

제이선생님 선생님하고 상담한 사람들의 이야기를 들어 보니, '마음이 따뜻해졌다' 이런 얘기들을 많이 하던데요. 그런 이야기를 들을 수 있는 선생님의 시선이나 방법을 들어 보고 싶습니다. 명조를 대할 때 가지는 마음가짐이 있으실까요?

제삼자에게 팔자가 이렇다 저렇다 이야기하는 것은 굉장히 신중해야 합니다. 자신이 대단한 실력이 아닐 수 있고 틀릴 수 있는 소지가 충분한데도 불구하고, 극단적으로 불안한 이야기를 해서 상대를 겁주는 행위는 정말로 삼가야 합니다. 이게 구업이지요. '정구업진언(淨口業眞言)'이라는 불교 용어가 있습니다. 또 하나는 지나치게 상대의 비위를 맞춰도 안 됩니다. 부자나 가난한 사람이나 사람을 다르게 대하면 안 돼요.

명리학을 공부하는데 이것을 직업으로 할지 안 할지는 물론 선택이겠지요. 이것을 직업으로 선택하시는 분들께 해드릴 이야기가 있습니다. 직업으로 선택하셨다면 예언자의 길과 상담가의 길이 있습니다. 예언자는 냉혹할 만큼 솔직하게 이야기해 주는 것이겠지요. **죽은 다음에 이름을 남기시려면 예언자의 길을 가세요. 죽은 다음에 아주 유명해집니다. 부디, 상담가의 길을 가시기를 바랍니다.**

제이선생님 상담하러 오는 사람이 누구이든 그 질문의 범위는 한정되어 있다고 하셨습니다.

질문하는 내용은 너무 빤하죠. 스무 가지가 넘지 않아요. 자식 문제, 사업 문제, 애정 문제 등. 육임이라는 학문에 과식이 720개가 있습니다. 720개의 과식 안에 인간의 물음이 모두 들어가 있지요. 복잡한 듯 보이지만 인간의 감정은 요약됩니다.

> **제이선생님** 마지막으로 사람들을 대하는 선생님의 마음에 관한, 몽글몽글한 이야기 나눠 보고 싶습니다.

명리학자가 됐든, 한의사가 됐든, 축구 선수가 됐든 사람 마음은 다 똑같다고 생각합니다. 꼭 명리학자만이 다를 필요는 없지요. **인간은 일단 기본적으로 '윤리(倫理)' 안에 있습니다.** 홀로 있어도 근신한다,《중용》에 나오는 말입니다. **누가 보지 않는 곳에서도 자기 행동이 올곧아야 진짜 덕이 있는 사람이 되겠지요. 그리고 겸손함이 필요합니다.** 자기 안에 꽃향기를 품도록 해야지요.

그리고 부탁하신 것은 아니지만 제가 마지막으로 시를 하나 읽어보겠습니다. 조선시대 구봉 송익필이라는 분의 〈낙천〉이라는 시(詩)입니다. 천명(天命), 그러니까 운명이 즐겁다는 것이지요. '운명을 즐겁게 받아들여라, 운명을 담담하게 받아들여라' 이것이 요지인 것 같아요. 한번 읽어 보겠습니다.

惟天至仁(유천지인) 오직 하늘은 지극히 어질고
天本無私(천본무사) 하늘은 본래 사사로움이 없어서
順天者安(순천자안) 하늘을 따르는 자는 편안하고
逆天者危(역천자위) 하늘을 거스르는 자는 위태롭네
痾癢福祿(아양복록) 고질병과 복록은
莫非天理(막비천리) 천리 아닌 것이 없으니

憂是小人(우시소인) 근심하는 자는 소인이요

樂是君子(낙시군자) 즐기는 자는 군자이네

君子有樂(군자유락) 군자는 즐김이 있어

不愧屋漏(불괴옥루) 집이 새더라도 부끄러워하지 않네

修身以俟(수신이사) 몸을 닦고서 기다리니

不貳不夭(불이불요) 잘못을 반복하지 않고 아첨하지도 않는다네

我無加損(아무가손) 나에게 더할 것도 덜 것도 없는데

天豈厚薄(천기후박) 하늘이 어찌 후하고 박하게 대하겠는가?

存誠樂天(존성락천) 성심(誠心)을 보존하고 천명(天命)을 즐긴다면

俯仰無怍(부앙무작) 내 행동에 부끄러워할 것 없을 것이네

제이선생님 〈낙천〉 정말 멋진 시입니다. 직접 읽어 주시니 마음이 더욱 따뜻해집니다.

인터뷰를 마치고

매번의 인터뷰가 그랬지만, 류래웅 선생님과의 인터뷰 역시 많이 긴장되었습니다. 마치 도인 같은 이미지로 느껴지는 분이라 암담한 마음이 들었습니다. 선생님 수업을 들은 것도 아니고, 사전 대화가 길었던 것도 아니어서 걱정이 이만저만이 아니

었습니다.

인터뷰는 선생님의 울산 댁에서 하게 되었습니다. 가족분들이 따뜻하게 맞아주고 인터뷰 자리를 마련해 주셨습니다. 인터뷰가 시작되기 전까지, 가벼운 인사를 제외하고 류래웅 선생님은 한 마디도 하지 않으셨습니다. 선생님의 침묵이 내 어깨를 더욱 무겁게 짓눌렀습니다. 더운 날씨 탓인지, 긴장 탓인지 등에 땀이 흘렀습니다.

인터뷰가 시작되어 선생님 소개를 마치고, 선생님께서 말씀하실 순서가 되었습니다. 선생님께서는 목소리를 가다듬고, "자. 그러면 …… 〈하루 한 장 명리〉 유튜브 시청자 여러분 안녕하십니까. 명리학의 한국 최고 방송을 운영하시는 송민정 선생님을 격려하는 차원에서 인터뷰에 응하게 되었습니다. 궁금하신 것 물어보시면, 아는 데 한해 성실하게 응답을 해드리겠습니다."라고 말씀하며 활짝 웃으시는 게 아니겠습니까. 침묵으로 포장되어 더욱 깜짝 놀랐던 선물과도 같은 멘트였습니다. 준비한 말씀을 하시며 웃는 선생님의 장난스러운 표정에 긴장했던 마음이 눈 녹듯 녹았습니다.

진정한 자유를 삶으로 증명한 선생님께서 읽어 주신 〈낙천〉이라는 시는 깊은 여운을 남겼습니다. '운명이 즐겁다' 이 시는 하늘과 그 가운데 존재하는 인간이라면, 누구나 행복할 수 있다는 메시지를 전합니다. 명리학을 비롯한 동양의 공부들은 유일

무이한 하나의 존재인 인간을 빛나게 만듭니다.

　천명을 이해하고 받아들이는 것, 그것은 운명에 굴복당하는 일이 아닙니다. 나를 소중하게 여기고, 타인과 이 세상을 소중하게 여길 수 있는 마음의 근원입니다. **'운명이 즐겁다'라는 말씀은 나에 대한 위로이고, 서로에 대한 격려입니다. 천명(天命)을 아는 것, 운명이 즐겁다는 것을 아는 것은 진정으로 자유로울 수 있는 마음의 시작점이라 생각합니다.**

예측의 과학 사주명리

중원 민영현

인간은 지적 생명체입니다.
내가 알고 있는 것을 바탕으로 자기 생명을 이어갑니다.
그런 의미에서 미래를 예측할 수 있는 명리 공부는
최선의 공부라 생각합니다.

인터뷰에 들어가며

학문 같지 않은 학문을 한다는 멸시

　민영현 선생님과의 인연은 《삼명통회》라는 책을 통하여 시작되었습니다. 《삼명통회》는 명리와 관련하여 전해지던 수많은 자료를 중국 청대에 국가 주도로 편찬한 관찬 도서입니다. 선생님께서 10년 동안 붙들고 완역하신 명리 대백과로 상, 하권으로 구성되어 있습니다. 엄청난 분량의 책이라 가격이 만만치 않았지만, 명색이 명리를 공부하는 사람인데 이 책을 구매해야 하지 않을까 생각하며 상, 하권을 모두 구매하였습니다.
　엄청난 각오로 책을 붙들고 읽기 시작하였는데, 축(丑)이라는 한자가 추(醜)로 잘못 표기된 것이 눈에 들어왔습니다. 쌀밥에 돌은 내가 씹고, 국에 들어간 머리카락도 내가 발견한다고 엄마는 항상 말씀하셨습니다. 내가 너무 예민해서 그냥 넘어갈 것도 다 지적한다며 못마땅해하시지요. 돌이 씹히고, 머리카락이 보이는데 어쩌겠습니까. 책을 읽기 시작하면 오타나 비문이 눈에 쏙쏙 들어오는데 어쩌겠습니까. 출간한 지 두 달도 채 되지 않은 따끈따끈한 책이지만 알려드려서 다음 인쇄 때는 수정하길 바라는 마음에 연락을 드려야겠다 결심했습니다.

출판사 연락처를 찾으려 책의 앞뒷면을 열어보니 저자인 선생님의 연락처가 떡하니 적혀 있는 게 아니겠습니까. 문자로 연락을 드리고 오타와 책, 공부에 관한 이야기를 주고받게 되었습니다.

책 서문에 이런 글이 있습니다.

'철학 박사로 여러 술수 관련 연구 논문들을 발표하면서 학문도 아닌 학문을 한다는 멸시 속에 대학 사회의 삶을 견디고 있다.'

사실 명리학을 제대로 공부하기 전까지는 나 역시도 이 공부가 학문의 영역에 있다고 생각하지 않았습니다. 명리학에 대한 대중의 시선은 여전히 차갑습니다. 선생님의 학문적 외로움이 '멸시'라는 단어에서 진하게 전해졌습니다.

선생님께서는 부산대, 부경대, 경성대, 동의대 등 대학 강단에서 오랜 세월 동양철학을 강의해 오셨습니다. 어떤 마음으로 이 공부를 놓지 않았을지, 또 10년이라는 긴 세월 동안 어떤 다짐으로 이 책을 완역했을지 생각하니 말로 표현하기 힘든 감동이 전해졌습니다.

'저물어 가는 인생의 한 자락에서 실제로 인생을 도울 수 있는 학문은 저 너머 상아탑의 고고한 이론이 아님을 깨닫는다.'

명리학을 아끼는 선생님 마음이 전해져서 꼭 한번 뵙고 싶어졌습니다. 한번 뵙고 책에 서명도 받고 싶고, 공부에 관한 조언도 듣고 싶다고 말씀드렸더니 연구실로 초대해 주셨습니다. 벽돌 이상으로 무거운 두 권의 책을 들고 수영만을 가로지르는 광안대교를 지나 부산 남구 용호동에 있는 선생님의 연구실로 향했습니다. 이때까지만 해도 서울 여행 이전이니, 선생님들을 인터뷰하는 일에 대하여 생각조차 하지 못할 때입니다.

선생님 연구실은 규모가 꽤 컸고 책이 많아서 작은 도서관 같다는 생각이 들었습니다. 《삼명통회》를 완역하기까지의 우여곡절과 부산대에서의 명리 강의에 대한 말씀을 재미있게 들었습니다. 대학 강단에서 겪은 어려움과 명리 공부의 매력에 대해서도 오래 이야기를 나누었습니다. 헤어질 때는 이런저런 책들을 선물로 주셨습니다. 서명해 주신 《삼명통회》 두 권과 선물 받은 책들로 마음과 두 손을 가득 채운 채 다음 만남을 기약하였습니다.

2022년 7월, 서울 여행을 통해 여러 선생님과 인터뷰에 관한 이야기가 오고 갔습니다. 인터뷰를 진짜로 하게 되면, 민영현 선생님의 이야기를 영상으로 공유하고 싶었습니다. 혹시나 하는 마음에 인터뷰 요청을 드렸고, 선생님께서는 흔쾌히 허락하셨습니다. 심지어 마음을 먹었으면 빨리 실천에 옮겨야 한다며, 인터뷰 날짜를 정해버리자고 하셨습니다.

인터뷰 날짜가 정해지고 나서야 촬영 장비를 구비했습니다.

혼자 간단히 작업해야 한다는 생각에 화소가 가장 높은 노트북과 무선마이크를 마련했습니다. 모바일용과 PC용 동영상 편집 프로그램을 구매하고 간단하게 공부했습니다. 그렇게 명리 인터뷰에 대한 채비를 마쳤습니다. 번갯불에 콩은 이런 속도로 볶나 봅니다.

　학문 같지도 않은 학문을 한다는 멸시. 그러한 시련 속에서도 이어오셨던 이 공부를 생각하며, 명리학에 대한 오해와 편견을 극복하는 데 조금이나마 노력하고 싶다는 나름의 목표가 생겼습니다. 그렇게 짐을 싸고 풀며 긴 여행이 시작되었습니다. 번갯불에 콩 볶듯 말입니다.

동양철학과 명리학

제이선생님 선생님께서는 부경대, 동의대, 부산대 등 대학 강단에서 동양철학 강의를 해오셨습니다. 대구한의대학교에 현재 출강하고 계시고, 동명대학에서 강의하고 계십니다. 그리고 올해 2022년 4월 《삼명통회》라는 엄청난 책을 출간하셨습니다. 3년 전에 1차 마무리하셨고, 교열 교정하는 것만도 1년 이상의 시간이 걸린 것으로 알고 있습니다.

제가 선생님을 알게 된 것은 이 책 덕분이었습니다. 책의 서문에서 '학문도 아닌 학문을 한다는 멸시 속에 대학 사회의 삶을 견디고 있다. 하지만 저물어 가는 인생의 한 자락에서 실제로 인생을 도울 수 있는 학문은 저 너머 상아탑의 고고한 이론이 아님을 깨닫는다.' 이런 말씀을 하셨습니다. 저는 이 문장이 상당히 와 닿았습니다. 그래서 이 공부에 대한 외로움에 대해 질문 드리고 싶습니다. 선생님이 생각하시기에 이 학문은 외로운 공부인가요?

이 학문은 사람 속에 있습니다. 학문이란 무엇인가 이런 고민을 많이 하게 됩니다. 바깥에서는 사주팔자 명리를 미신처럼 여기고 폄훼하는 경향이 있는 것이 사실입니다. 일반적인 학문을 하는 학자들 사이에서도 그런 경향은 있습니다. 대학교수들도 그렇습니다. 자기 전공의 학문이나 자기 영역의 학문은 굉장히 중요하고 좋은 것으로 이야기하지만, 그 경계 밖의 것들은 조금 낮춰 보는 경향들이 있는 것이 사실입니다.

그런데 동양철학 내에서 명리학이 차지하는 영역은 상당히 중요합니다. 왜냐하면 다른 철학적 이론보다도 훨씬 더 대중들에게 친숙하고, 많이 알려져 있습니다. 그러나 잘못 이해되고 있는 부분도 분명히 존재합니다. 이공학을 전공한 과학자의 입장에서 명리학은 정말 말도 안 되는 이야기를 한다고 생각할 수도 있을 것 같습니다. 심지어 제가 대학원을 다니던 시절, 철학과 내에서도 서양철학이나 사회철학 전공자들은 동양철학을 이상한 학문으로 폄훼하는 분위기가 있었습니다. 그러한 가운데서의 외로움을 이야기한 것입니다.

제이선생님 사람들은 자신만의 경계를 분명히 하고 싶은 모양입니다. 다름을 인정하는 것은 쉽지 않은 일이지요. 선생님께서는 이 공부가 사람 속에 있다고 하셨습니다. 선생님께서는 대학의 테두리 안에서 학문으로 명리를 주로 접하셨다는 생각이 듭니다. 그런데 선생님, 실관을 많이 하셔서 사주팔자에 대한 해석이 아주 능하신 분들이 계십니다. 이런 분들의 깊이나 내공은 상당하십니다. 인정된 학위가 없더라도 20년, 30년, 40년 상담을 통한 내공 역시 그 가치를 인정받아야 한다고 생각합니다. 정규교육 과정뿐 아니라 재야에 자기 삶을 다 녹여 내어 공부를 이루어 가는 분들이 많은 것 같습니다.

당연한 말씀입니다. 우리가 학벌사회이고 학위와 같은 공식적인 결과물을 좋아하니 계속해서 교수가 어떻고 학위가 어떻고 이런 이야기를 하게 되는 것입니다. 실질적으로 학문이라고 하는 것은 배우는 과정이고 익혀 가는 과정입니다. 따라서 굳이 정규과정을 밟지 않았다 하더라도 평생을 통해 연구하고 추적했다면 그 성취나 학문적 깊이에 대해 당연하게 인정해야 한다고 생각합니다.

제이선생님 제가 이제 그런 분들을 많이 만나러 다닐 계획입니다. 명리학의 매력에 이끌려 다양하게 그 이치를 탐구한 선생님들의 생각과 삶이 궁금합니다. 선생님의 책에 '결정이 된 것과 결정이 되지 않은 것 사이에서 인간은 살아간다. 예측은 불확실한데 미래는 실재한다. 불확실함의 혼돈 속에서 우리는 살아가고 있다.'라는 문장이 있었습니다. 제가 그 문장에 밑줄을 그었습니다. 많은 생각을 하게 하는 공부인 것 같습니다. 이 명리학이라는 것이.

명리학을 철학적 관점에서 고민해 보면, 인간이 과연 무엇을 바라고 원하는 것인가를 생각해 보게 됩니다. 이러한 것을 철학적 논문이나 저서로 설명한다면 또 어떨 것인가. 저에게는 전공을 삼아 공부했던 동양철학이 있으니 이런 부분에 대한 고민이 많습니다. 그리고 의외로 명리학에 개입되는 동양적 세계관이나 동양적 인간관, 동양적 인생관에 대해 고민해 볼 필요가 있습니다. 우리가 예측하는 방식이 어떠한 세계관에서 출발한다는 것을 세상 사람들은 이해하기 어렵습니다. 동양적 학문성은 기(氣)의 세계관에서 출발합니다. 우주의 모든 것은 기(氣)에 의해서 영향을 주고받으며, 상생상극하며 일어나고 전개된다는 이야기입니다. 우리 인체, 정신, 삶의 주위 환경들도 모두 기의 작용이 존재합니다. 이러한 이야기를 어떻게 받아들이고 해석하고 이해할 것인가. 그 방식의 문제가 남는 것입니다.

제이선생님 인문학은 사람의 무늬를 알아가는 것이라고 합니다. 명리학만큼 인간에 대한 이해 그리고 관계에 대한 이해가 확연하게 와 닿는 공부가 또 있을까 하는 생각을 해보게 됩니다.

우리는 명리학을 통해 세상을 좀 더 이해할 수 있다고 생각합니다. 사람이 살아가는 윤리 도덕적 측면들도 보게 되고, 세상에 대한 일련의 대응으로써의 철학적 관점을 형성해 갈 수도 있다고 생각합니다.

| 제이선생님 선생님께서는 '관찰과 예측에 따른 새로운 학문 정립 가능성에 대한 기대감'을 이야기하며, 과학과 역학의 만남에 대한 이야기를 하셨습니다. 저는 김상욱 교수님의 《떨림과 울림》이라는 물리 관련 책을 읽고 명리학과 상당 부분 맞닿아 있다는 생각을 많이 했습니다. 개인적으로 이런 부분에 관심이 많은데요, 짧게나마 선생님의 이야기를 들어 보고 싶습니다.

양자역학과 양자물리학과 같은 과학에 대해 생각해 봅니다. 과학의 영역에서 가장 중요한 것 중 하나가 미래 예측 능력입니다. 예를 들어 로켓을 발사한다고 할 때도, 데이터를 추론하고 수학적으로 모델링을 하는 과정이 필요합니다. 하지만 과학에서도 백 퍼센트 정확한 그 무엇은 없습니다. 양자물리학의 '끈 이론'이라는 것은 검증하기가 굉장히 힘든 이론입니다. 하지만 끈 이론은 오늘날 공상 과학 영화에 활용되고 있습니다. 평행우주, 다중우주 등 온갖 기기묘묘한 것들이 모두 가능하다는 식으로 설명합니다.

| 제이선생님 네네. 〈인터스텔라〉와 같은 영화가 그렇습니다.

저는 기(氣)의 세계를 항상 생각합니다. 물리학자 파인만은 세상에 양자를 이해하는 사람은 아무도 없다고 했습니다. 어느 날

문득 양자라는 것은 동양에서 이야기하는 기(氣)에 훨씬 더 가깝지 않겠는가 하는 생각을 해봤습니다. 기(氣)라는 것을 이해하고 그러한 측면에서 양자를 이해해 보려는 생각을 저는 가집니다. 그래서 3, 4년 전부터 한국연구재단에 '동양의 기학과 서구 양자론의 개념적 상동상이'라는 주제로 연구지원 요청을 해왔습니다. 몇 번의 지원을 받아 논문을 쓰기도 했습니다.

예측과 예언은 다른 것입니다. 예언이라는 것은 밑도 끝도 없이 그냥 하는 말입니다. 사주명리는 데이터를 바탕으로 이야기했기 때문에 예언이 아니라 예측이라는 것입니다. 그러면 이 데이터가 추출되는 과정의 정당성이 나와야 한다고 생각합니다. 그러면서 다시 한번 더 명리학의 세계관과 역학적 구조에 대해 주의깊게 살펴보게 되었습니다. 양자가 기(氣)이고 기(氣)가 양자라고 말하는 것까지는 사실 무리가 있습니다. 하지만 이 둘 사이에는 굉장한 상호 연관성이 있다고 판단하고 있습니다.

사주팔자로 다른 사람의 미래를 예측한다는 것은 기본적으로 기(氣)의 세계관을 바탕으로 합니다. 제이선생님도 기(氣)입니다. 나도 기(氣)입니다. 그리고 바깥의 외부도 기(氣)로 되어 있습니다. 그런데 봄, 여름, 가을, 겨울의 기운이 따로 또 있습니다. 내가 가지고 있는 기(氣)와 저것이 가지고 있는 기(氣)가 상호작용을 일으킨다고 생각합니다. 그러한 상호작용의 과정을 추적하는 것이 명리학이라고 생각합니다. 그렇다면 우리가 이야기하는 '사단칠정' '이기론' 같은 세계관이 그렇게 틀리지 않다는 생각에까지 이어집니다.

제이선생님 명리학은 기(氣)를 읽어 가는 공부인 것 같습니다. 단순한 암기로 다른 사람의 삶을 호도하는 공부가 아니라고 생각합니다. 우리는 간지를 통해 기(氣)의 논리성을 구축할 수 있습니다. 동양의 사상은 일정 부분 과학적 논리를 바탕으로 전개해 왔다는 생각을 하게 됩니다. 선생님 이번에는 명리학을 정규 교육과정을 거쳐 배우는 것에 대하여 어떻게 생각하시는지 들어 보고 싶습니다.

정규 교육과정을 거칠 필요가 있지요. 대학에서 공식적으로 명리학은 학문이 아니라고 폄훼한 부분 때문에 여전히 진입하고 발전하기 어려운 부분이 있습니다. 과거에는 관상감 같은 정규 교육기관이 있었습니다. 교육은 권력과 관련이 있습니다. 동양에서 해왔던 이런 것들이 서구 학문을 받아들이면서 사라지게 되었습니다. 학문은 가능하다면 모든 것을 오픈하고, 가능하다면 더 넓고 깊게 접근하는 것이 좋다고 생각합니다. 접근이 가능하도록 제도적으로 정비를 해 주는 것도 의미가 있습니다. 지방 사립대의 경우, 상황들이 워낙 어려운데 오히려 '동양문화학' 같은 학문은 대중의 수요가 있습니다. 꼭 술업을 하지 않더라도, 이 세계에 대해 알고 싶어 하는 요구가 있는 것입니다.

제이선생님 앞서도 이야기했다시피, 재야의 고수들이 많습니다. 그리고 좋은 선생님들이 곳곳에 숨어 계십니다. 이 공부를 처음 시작하는 사람들은 좋은 선생님을 알아보기도 힘들 뿐더러, 만날 기회가 잘 없기도 합니다. 누가 좋은지 알 수가 없기 때문입니다. 좋은 선생님을 만나서 잘 배워 가면 괜찮은데, 그렇지 못한 경우에는 정규 교육과정으로 공부해 나가는 것이 위험도를 낮추는 좋은 방법인 것 같습니다.

제가 대학에서 동양철학을 하다 보니, 제 개인적인 입장일 수도 있습니다만, 동양철학 즉 유교, 불교, 도교 같은 베이스를 갖춘 뒤에 명리학을 접하면 속도도 빨라질 것이고 적용도 역시 높아질 것입니다. 나아가 세계관이나 인생관에 관하여 이해하는 폭이 넓어질 것 같습니다. 학생부군신위(學生府君神位), 공부하려고 세상에 태어났고, 공부하다가 떠나는 것이 인생이라 생각합니다.

《삼명통회》명리대백과

> **제이선생님** 선생님께서는 한글로 된 것을 읽기도 힘든 방대한 분량의 《삼명통회》 원서를 모두 번역하셨습니다. 상권과 하권으로 되어 있습니다. 《삼명통회》는 오백 년이 다 되어가는 책이라고 알고 있습니다. 그리고 유일하게 국가에서 편찬한 관찬의 책이라고 얘기하셨습니다. 그런데 이 책의 판매량은 어떤지 궁금합니다.

(한숨) 아, 참 가슴 아픈 이야기입니다. 책 가격이 너무 비싼 건지, 출판사로부터 좋은 소식은 못 듣고 있습니다. 그런 와중에 제가 받아온 책들은 아는 사람들에게 강제로 구매를 권하는 중입니다. 어떤 경우는 그냥 줘도 너무 무거워서 못 가져가겠다고 하더라고요. (웃음) 어찌 되었든, 제 개인적으로는 중요한 일을 하나 한 것이니 만족합니다. 명리학의 5대 명서라고 하는 책들이 이렇게 저렇게 번역이 많이 되어 있습니다. 그런데 《삼명통회》는 제대로 번역된 것이 없었습니다. 저로서는 단 한 글자도 빼지 않고 번역해 보겠다는, 이상한 종류의 사명감을 가지고 진행한 일입니다. 아마 빨리 번역하는 분들은 저보다 훨씬 짧게 하실 수 있을 것 같습니다.

제이선생님 제가 서문에서 읽기를 '금자탑과도 같은 자료이다. 이 자료를 이대로 방치해서는 안 될 것 같다는 나름의 절박한 심정으로 이것을 번역하였다.' 이렇게 이야기하셨습니다. 《삼명통회》는 명리대백과라고 이야기합니다. 일종의 바이블이라 봐도 될까요?

이게 워낙 볼륨이 크다 보니. 청나라 만민영 선생이 당대에 굴러다니는 거의 모든 자료를 엮었다고 봅니다. 이런 작업은 관찬이라 가능한 일이었겠지요.

제이선생님 네, 청나라 시기에 국가의 지원 없이 이런 사업을 하는 것은 어려웠을 것입니다. 이 두꺼운 책을 읽는 비법 같은 것이 있을까요? 인내하는 것 이외에 어떤 좋은 방법이 있을까요?

글쎄요. 《삼명통회》는 백과사전식으로 진행되어 있습니다. 따라서 순서대로 완독할 필요는 없다고 생각합니다. 목차를 보고 궁금한 내용들을 찾아가며 공부하는 것이 좋지 않나 생각합니다. 만약 실전을 빨리 습득하고 싶다면 월의 일간, 일(日)의 시간에 대한 예제 형태의 설명이 있는데, 이런 부분들을 찾아보면서 확인하는 것이 좋은 방법입니다. 필요한 것들을 그때그때 확인하며 읽어 가면 될 것 같습니다. 어떤 학문이든지 그 핵심은 개념입니다. 우리가 사용하는 개념이나 뜻에 대한 설명과 이해를 공부해야 합니다.

| **제이선생님** 선생님. 명리학의 5대 명서에는 무엇이 있을까요?

시기적으로 《연해자평》《삼명통회》《적천수》《궁통보감》《자평진전》을 5대 명서로 많이 봅니다. 《삼명통회》를 빼고 《명리약언》을 넣기도 합니다. 《궁통보감》은 조후를 중심으로 한다든지, 《적천수》는 좀 더 깊이 있는 원리를 다룬다든지, 《삼명통회》는 다양한 내용을 다룬다든지, 《자평진전》은 격국 용신의 논리를 다룬다든지. 책마다 각각의 특성이 있지요.

| **제이선생님** 선생님. 제가 유튜브에서 《자평진전》 강의를 시작했는데요, 이 책이 초보들이 공부를 다져 나갈 때 괜찮다고 보실까요?

《연해자평》이 송대라면, 《자평진전》은 청대의 책입니다. 어느 한 권의 책을 보는 것은 권하지 않습니다. 여러 책을 보면 좋겠습니다. 그런데 초보자들 배울 때는 《자평진전》이 간결하게 되어 있는 것은 사실입니다.

| **제이선생님** 요즘에는 기초부터 다져 가는 현대 명리서가 많습니다. 이런 책들을 통해서도 기본적인 명리 용어들을 습득할 수 있습니

다. 그런데 굳이 고전을 공부해야 할까요?

공부의 측면에서는 …… (웃음) 공부니까, 보시는 것이 낫지 않나 생각합니다. 단행본으로도 충분히 간지 정도는 배울 수 있겠지요. 하지만 조금 더 큰 틀에서 보면 좋겠습니다. 명리 고전을 넘어서서 동양철학의 전체 토대에서 공부해 나가시면 좋겠습니다. 그러한 토대를 바탕으로 인간에 대한 이해를 넓혀 나갈 필요가 있습니다.

제이선생님 네, 알겠습니다. 선생님, 서문의 내용을 또 보자면, '알 수 없는 것들을 알고자 하는 것은 어쩔 수 없는 인간의 숙명인지 모른다. 세계와 인간의 상호작용을 통한 시간적인 미래의 방향과 삶에 대한 이해를 요구하는 것이다.'라는 이야기가 있습니다. 정말 공감합니다. 이 공부가 한번 손을 대면 정말 손을 떼기 쉽지 않은 것 같습니다. 저는 이 공부가 너무 재미있습니다. 이 공부는 인간에 관한 공부이며 관계에 관한 공부임과 동시에 네트워크에 관한 공부인 것 같습니다. 선생님도 이 공부가 즐거우신가요?

내가 무언가를 선택하고 결정해야 하는 경우 판단이 안 서는 경우가 대부분입니다. 인간에게 실존적 상황이라는 것은 끊임없이 변화하는 세계 속에서 틀리지 않고 결단내려야 하는 과정의 연속입니다. **인간은 지적 생명체입니다. 내가 알고 있는 것을 바탕으로 자기 생명을 이어갑니다. 그런 의미에서 미래를 예측할 수 있는 명리 공부는 최선의 공부라 생각합니다.** 길흉은 서로 뒤섞입니다. 인생의 과정 중에서 자기 자신을 이해하는 상당히 좋은 공부가 될 수 있습니다.

> 제이선생님 지금 말씀 너무 와 닿습니다. 제가 이 공부를 처음 시작했을 때는 언제 좋지? 언제 좋아질까? 이런 시각으로 보았습니다. 그런데 이 공부를 계속하다 보니, 좋으면 나쁜 것이 있고 나쁘면 또 좋은 것이 있음을 알게 되었습니다. 모든 것은 늘 반복됩니다. 그러니 어떠한 상황과 마주하더라도 지금은 그러한 '때'임을 이해하는 것은 삶의 큰 무기가 되는 것 같습니다.

학문은 이론에서 그치지 않고 현실과 맞물려야 합니다. 그런 의미에서 현실적으로도 유용한 우리 이 공부는 참 좋은 공부입니다.

> 제이선생님 네. 그러면 선생님. 아무리 공부해도 사주가 안 보이는 사람들이 있습니다. 사주를 보면 깜깜한 사람들에게 조언 한마디 해 주십시오.

수학 방정식의 공식은 외우는데, 문제를 풀려면 적용이 안 되는 것과 같은 이야기입니다. 수학이 이야기하는 논리를 이해하지 못하고, 공식만 외우면 문제가 어렵습니다. 충이 있어서 이러하다, 살이 있어서 이러하다, 이러한 단편적 이해는 한계가 있습니다. 공식처럼 외운 명리 공부로 사주를 푸는 것은 이 공부의 핵심을 빗나간 것입니다.

우리가 다루는 명리는 변화의 법칙입니다. 고정관념을 벗어나야 합니다. 글자 자체들의 상관관계에서 작용력을 살펴보아야 합니다. 차분하게 이론적 구조를 살펴야 합니다. 명리는 윤리적 부분을 가집니다. 내가 글자를 보고 어떤 행동을 취해야 할지를 판단할 수 있다면 누구에게나 도움이 될 것입니다.

제 경험상으로는 계단 올라가듯이 터득되는 것 같습니다. 학문에는 왕도가 없습니다. 공부를 꾸준히 하다 보면 어느 순간 열리는 부분이 있다고 생각합니다. 공부하다가 도움이 필요할 때, 세상에는 언제든지 도움을 주실 분들이 계실 것입니다. 하늘은 스스로 돕는 자를 돕습니다.

인터뷰를 마치고

민영현 선생님은 대학 강단에 오래 계셨던지라 매우 어려운 분일 것이라고 상상했습니다. 하지만 직접 뵌 선생님은 말씀을 매우 유쾌하고 재미있게 하셨습니다. 그 유쾌함과 추진력이 저를 움직이게 만들었다 해도 과언이 아닙니다.

항상 머릿속으로는 재미있는 구상을 많이 해보지만, 워킹맘이라는 현실과 내향적인 성향으로 인하여 무언가를 실천하는 일이 쉽지 않았습니다. 여러 선생님을 만나 인터뷰하는 것 역시 주저하는 마음이 많았습니다. 인터뷰를 기약하기는 했지만, 장비며 편집이며 아무것도 모르는 내가 어떻게 그걸 해나갈지 막막했습니다. 선생님을 만나지 않았더라면, 실행에 옮기지 못하고 어영부영 시간만 흘러갔을 수도 있었을 것입니다. 선생님은 내 마음 안의 구상을 용기 내어 실천할 수 있도록 물길을 내어 주신 분입니다.

동양철학의 전반과 과학적 지식을 바탕으로 명리학을 공부하고 계신 선생님과 대화를 나누며 이해와 사고의 폭이 확장되었습니다. 학문 같지도 않은 학문을 한다는 멸시 속에서 대학 강단에 오랜 세월 계셨다는 말씀에서는 울컥한 마음이 생겨나기도 하였습니다.

명리학을 학문적으로 더 깊게 연구하는 선생님이 있는가 하면, 숱한 상담 경험을 바탕으로 그 역량을 키워가는 선생님이 있습니다. '강단과 강호'라는 이야기를 많이 합니다. 강단의 영역에 있든, 강호의 영역에 있든 명리학을 사랑하는 마음은 일관됩니다. 선생님과 그러한 이야기를 나누며, 강단과 강호가 상호 소통하며 더 논리적이고, 더 대중적인 명리로 발전해 나가면 좋겠다는 생각을 해보게 되었습니다. **학문은 이론에 그치지 않고 현실과 맞물려야 한다는 선생님 말씀을 깊이 새겨봅니다.**

생태적 시간 코드에
매몰되지 않기를

청화 박종덕

천간과 지지는 원래 아날로그한 것을 사람의 손으로
디지털화, 구간화, 코드화했다는 거예요.
우리가 자꾸 문자화된 코드를 가지고
덧셈, 뺄셈 과 같은 공식을 만들려 합니다.

인터뷰에 들어가며

인터뷰, 배움의 여정

역학을 공부하는 사람들 사이에 '박청화'라는 이름을 모르는 사람은 없을 것 같습니다. 박청화 선생님의 사무실은 제가 있는 곳과 매우 가까운 곳에 있습니다. 인터넷에 올라와 있는 강의와 저서들을 통해 선생님의 철학과 학문을 접해 본 바 있으나, 인연의 때가 되지 않았던지 선생님을 뵙게 된 것은 인터뷰를 결심한 다음이었습니다.

화풍정, 김병우, 선운 선생님과 인터뷰를 계획하는 단계에서 다른 선생님들께도 허락을 받아 두고 시작해야겠다는 마음이 생겼습니다. 긴 호흡으로 진행하고 싶은 마음에 뵙고 싶은 선생님들을 손꼽아 보았습니다. 청화 박종덕 선생님, 창광 김성태 선생님, 학선 류래웅 선생님. 이 세 분을 현재 우리나라 3대 역학인으로 소개하는 글들을 많이 볼 수 있었습니다. 그래서일까요. 이 세 분은 저기 멀리 다른 세상에 계신다는 느낌이었습니다.

생각이 많아 행동이 굼뜨지만, 목표가 정해지면 돌진하는 무모한 성향이 내 안에 있습니다. 되든 말든 일단 부딪혀 봐야겠다, 거절하시더라도 일단은 여쭤 봐야겠다는 생각으로 사무실에 전화를 걸어 개인 상담을 예약하였습니다.

박청화 선생님의 공부 과정과 일화들, 상담실 풍경에 관한 전설적인 이야기는 《조용헌의 사주명리학 이야기》라는 책에서 읽은 바 있었습니다. 상담 차 찾아간 부산 사직동의 사무실 입구에는 작은 방이 하나 있었습니다. 대기하는 사람이 너무 많아 그 방에서 사람들이 잠을 잤다는 일화가 떠올랐습니다. 사무실의 규모는 상당했습니다. 출판사도 함께 운영되고 있고, 직원들도 많았습니다. 역학을 주제로 이렇게 큰 규모의 일을 하시는 것이 놀라웠습니다.

선생님을 처음 뵙는 순간은 매우 긴장이 되었습니다. 하지만 자리에 앉아 몇 마디 이야기를 나누다 보니 편하고 친근한 분임을 알 수 있었습니다. 내가 하는 일, 꿈꾸는 일 등에 대해서 꿰뚫어 보고 또 격려해 주셨습니다. 유튜브에서 명리 강의를 하고 있다는 말을 꺼낼 때는 너무 부끄러워 어디 숨고 싶었습니다. 하지만 내가 명리 공부를 한다는 사실을 말씀드리자 이야기가 아주 많이 길어졌습니다. 상담은 강의가 되었고 뒤에 예약한 손님들이 미뤄져서 난처한 상황이 되었습니다.

선생님의 박사 논문을 선물 받고 상담을 마무리할 즈음, 혹시 인터뷰를 요청하면 받아주실지 여쭈었습니다. 내가 어떤 유튜브를 운영하고 있는지, 인터뷰를 어떤 식으로 진행할지도 모르는데 흔쾌히 승낙하시며 개인 전화번호를 주셨습니다.

혹시나 하고 여쭤 보았는데, 너무 가볍게 승낙해 주셔서 순간 머리가 하얘졌습니다. 인터뷰를 어떤 식으로 진행해야 할지, 방향성도 정해지지 않은 상태에서 막무가내로 인터뷰를 제안한 것 같아 스스로 반성하며, 선생님에게 약속을 하나 하게 되었습니다. 선생님의 저서 《춘하추동 신사주학》 네 권을 다 읽고 정식으로 인터뷰를 요청하는 연락을 드리겠다고 말입니다.

그때부터 《춘하추동 신사주학》 네 권의 책을 읽으면서, 밑줄을 긋고 라벨을 붙여 가며 꼼꼼하게 공부를 해나갔습니다. 책을 다 읽고 선생님과 소통할 자신이 생긴 이후에 인터뷰의 콘티를 작성하였습니다. 나름 진지하게 고민하고 꼼꼼하게 작성하여 선생님께 메일을 보내드리고 정식으로 인터뷰에 대한 요청을 드렸습니다. 그러자 선생님께서는 사전 회의를 요청해 오셨습니다.

선생님과의 두 번째 만남에서는 인터뷰 사전 회의가 진행되었습니다. 회의를 목적으로 만났지만 그 시간 역시 나에게는 놀라운 배움의 순간이었습니다. 이 공부와 인연이 된 이야기, 이 일을 하며 겪은 아픔과 기쁨, 학위와 사업, 상담 등. 선생님이 어떤 분인지 많은 것들을 알게 된 귀한 시간이었습니다. 더불어 내 꿈을 격려하며 조언을 아끼지 않으셨습니다.

사전 회의를 마치며, 콘티를 다시 제작해서 보내달라고 하셨습니다. 많은 정보를 바탕으로 다시 제작하는 콘티는 자연스러움과 체계성을 겸비할 수밖에 없었습니다. 다른 인터뷰와는 다르게, 박청화 선생님과의 인터뷰에서는 인터뷰 상대가 어떤 답을 할지 미리 인지하고 임할 수 있었습니다. 대화가 부드럽게 연결되고 매끄럽게 진행되는 것을 느낄 수 있었습니다.

박청화 선생님과의 인터뷰를 경험하고 나서, 인터뷰를 어떤 방법으로 준비하고 이야기를 끌어 가야 하는지에 대한 감이 생겼습니다. 편하고 자연스럽게 대화를 끌어 가기 위해 철두철미하게 준비하는 정성이 필요하다는 것을 알게 되었습니다. 선생님과 인터뷰를 준비하는 과정에서 많은 배움을 얻었습니다. 명리에 대한 이해, 인터뷰를 진행하는 자세뿐 아니라 진심으로 일과 사람을 대하는 마음가짐에 대해 알아가는 시간이었습니다.

40년, 17만 명과 함께

제이선생님 포털 사이트에 선생님 성함을 검색해 보면 대한민국에서 가장 유명한 역술가 중 1인이라는 소개가 있습니다. 그리고 사업적으로 가장 성공한 역술가라고 설명되어 있습니다. 이 영상은 선생님을 소개하는 것 자체가 목적입니다. 선생님의 공부 과정이나 사업 전개 그리고 집필활동 및 교육활동을 소개하는 것만으로도 명리학이 걸어온 길과 비전을 보여주는 것이라는 생각이 듭니다.
선생님의 약력을 간단하게 소개해 보겠습니다. 선생님께서는 부산대 사학과에서 학사, 석사, 박사 과정까지 공부하신 것으로 알고 있습니다. 박사 학위 논문은 풍수를 주제로 하신 것이지요? 선생님께서는 명리뿐 아니라 풍수에도 능하시겠습니다. 그리고 또 '관상'을 주제로 칼럼도 오랫동안 쓰신 것으로 알고 있습니다. 그리고 보면 선생님께서는 동양 오술(五術)로 일컬어지는 명복의상산(命卜醫相山) 모든 영역을 두루 섭렵한 분이십니다.
선생님과 인터뷰하게 되어 정말 영광입니다. 선생님, 저는 명리 공부를 시작한 지가 꽤 되기는 했습니다. 사실 선생님 계신 곳이 제가 사는 곳과 매우 가깝습니다. 그런데도 인연이 되지 않았습니다. 사실은 너무너무 유명한 분이시라, 80대 정도 되실 줄 알았거든요. 그런데 매우 젊으십니다.

제가 이 활동을 너무 일찍 시작해서 그렇습니다. 학부 1학년 때부터 시작했습니다. 물론 생계를 위한 목적이 더 컸지만, 그때부터 직업 세계로 뛰어든 셈이지요. 엄청난 세월이 흘러버렸군요.

제이선생님 네, 세월이 그냥 훅 가버렸지요. 《조용헌의 사주명리학 이야기》라는 책이 있습니다. 제가 선생님을 알게 된 계기가 된 책이었습니다. 선생님께서는 아주 어린 시절부터 명리 공부를 시작하신 것으로 알고 있습니다. 그 나이에 이러한 학문을 접한다는 것도 쉽지 않은데 대학교 1학년 때 생계를 위해서 학교 앞에서 술업을 시작하신 것도 정말 대단한 용기인 것 같습니다.

당시에는 다른 선택이 별로 없었어요. 우리 때에는 과외도 금지하는 분위기였고, 일반적인 아르바이트라고 하는 게 워낙 뻔했습니다. 생계를 대신할 만한 방법이 없었어요.

제이선생님 지금 제 나이 또래, 저보다 약간 어린 세대들은 유튜브를 통해서 정보를 얻고 공부를 많이 합니다. 그래서 선생님의 활동이나 걸어오신 길에 대해 잘 모를 수도 있을 것 같습니다. 그런데 저보다 약간 위의 세대들에게 선생님은 가장 유명한 역술인이라 해도 과언이 아니더라고요. 부산일보에도 오랫동안 운세 코너를 연

| 재하셨지요?

부산일보에 운세 코너가 처음 만들어질 때부터 시작했습니다. 이제 20년 가까이 되어가는 것이지요.

제이선생님 어릴 때 우리 집도 부산일보를 받아 봤습니다. 제가 말띠인데 늘 오늘의 운세를 챙겨 보았던 기억이 있습니다. '오늘 조심해라' 이런 거 보고 그랬던 기억이 나는데, 선생님께서 작성하신 거였네요. 그리고 〈세상만사〉라는 칼럼도 오래 쓰신 것으로 알고 있습니다. 칼럼 내용을 보면 놀랍던데요. 명리학뿐 아니라 동양철학에 능하지 않고서, 그렇게 광범위하게 글을 써낼 수 있을까 싶었습니다. 제가 이번에 검색해서 몇 개 글들을 읽어보았습니다.

우리가 제도권 교육에서 접했던 것들하고 또 동양철학에서 제시하는 것들이 있습니다. 이런 두 가지 영역의 정보들을 혼합하여 이야기해 드리는 코너로 활용됐기 때문에 그런 것 같습니다. 역학이라는 학문 체계 자체가 상수학 요소로 실용적인 부분을 중요하게 여깁니다. 하지만 그 안에는 인생철학이 깔려 있습니다. 명리학은 동양학이면서 또 큰 단위의 인문학이기도 합니다.

제이선생님 이 공부가 너무 방대해서 힘든 것은 사실입니다. 하지만 인간에 대한 설명이고, 사람에 관한 이야기라서 감동적일 때가 많은 것 같습니다. 제가 너무 오버하는 건지는 모르겠지만 감동적인 공부인 것 같습니다.

그렇지요. 사람 자체에 대한 이해를 크게 키우는 시각을 제시해 주니 그런 것 같습니다. 우리가 상대나 자기 자신에 대한 이해를 넓혀 가려면, 이쪽에 관한 학문을 어느 정도는 파악하고, 또 자기 인생에서 활용할 수 있는 것이 좋다고 생각합니다.

제이선생님 네, 참 좋은 공부인 것 같습니다. 선생님께서는 상담을 정말 많이 하셨지요?

그렇죠. 어림 제가 이 일을 한 지가 37, 38년 정도 됩니다. 그동안 어림잡아도 한 17만 명.

제이선생님 17만 명. 와 17만 명. 상상이 안 됩니다. 17만 명, 알겠습니다. 여기 사무실 들어오는 입구에 방이 하나 있더라고요. 침구도 좀 있던데, 예전에는 거기서 밤을 새우며 상담받기 위해 줄을 섰다고 알고 있습니다.

예약제로 운영하다 보니 급한 분이 볼 수 없기도 했고, 또 순서대로 하다 보니, 뒤에 오신 분들이 너무 오랜 시간 기다리고 해서 그런 장소가 만들어졌습니다. 예약 일부는 선착순으로 하는데, 오전 선착순이니까 전날 밤에 아예 일찍 와서 그냥 주무시는 분들이 있었습니다. 복도에서 모포를 덮고 계시고 해서, 아예 방을 만들어 드린 거죠. 요즘은 예약 문화가 정착되어 옛날만큼 번잡스럽지는 않습니다. 그래도 빨리 오시는 분들이 계셔서 공간이 있는 거죠.

제이선생님 네. 저 공간만 봐도 선생님의 명성을 알 수 있게 됩니다. 이제 명리학에 대한 이야기를 해보겠습니다. 선생님께서 쓰신 책에서 봤는데 명리학이 고대 천문학에서 기인한 물리학이고 하나의 학문이라고 설명하셨습니다. 이 공부를 폄훼하는 사람들이 명리학이라는 학문의 근거를 알게 된다면, 이 공부가 허무맹랑한 것이 아니라는 것을 알게 될 텐데요.

그 당시에는 지금과 같은 천문학 지식은 없었겠지만, 별들의 위치 이동이라든지, 별들이 나타나고 사라지는 순환성과 같은 것에 대한 정보를 관찰을 통해서 가지고 있었던 거죠. 목성, 화성, 토성, 금성, 수성 이런 별들의 운행을 보는 것이지요. 또 별들의 위치 변화는 결국 계절의 변화와 연계되어 설명됩니다. 더 나아가서 이러한 별들의 위치와 계절의 변화는 큰 순환성을 가지고 있습니다. 그런 걸 보고 옛사람들이 천문에 관한 현상들을 정리한 것입니다. 천문(天文)의 문(文)자는 무늬 문(文)자입니다. 별의 족적(足跡), 별이 운행하는 길입니다. 하늘이 그리는 경로는 결국 지상에 있는 계절의 변화와 상호 연결성이 있더라는 거죠. 이것은 다시 많은 사물을 변화하게 합니다. 그런 것들을 체계적으로 분류하고 문자화한 것이 오늘날의 간지 체계입니다.

> **제이선생님** 과학과 천문학, 인문학의 총합체가 명리학인 듯합니다. 선생님께서도 이 공부를 해나갈 때 이 공부가 가치 있는 '학문'이라는 것을 딱 마음에 두고 계속 공부하고 강의하고 그렇게 긴 세월을 보내셨겠네요.

당연히 그렇죠. 학문입니다. 예를 들어서, 동지에 해가 가장 짧아졌다가 길어지는데 길어진 이후에 45일이 지나면 어김없이 입춘이 오잖아요. 천문 현상하고 땅에 있는 변화가 안 맞으면 이게 학문으로 전승되지 못했겠죠. 그런 수많은 관찰 속에서 분류되고 귀납된 것이기 때문에 학문입니다. 이게 뭐 미래를 예측하니 정서적으로 미신이라 받아들이는 차원과는 다른 것입니다.

제이선생님 어김없이 오는 순환을 이야기합니다. 사람의 삶도 어김없이 순환합니다.

그렇죠. 계절의 순환. 생태이므로 살아있는 것은 어차피 변화성을 감당할 수밖에 없습니다.

제이선생님 〈홍익티비〉는 메가스터디보다 먼저 시작하셨다고 들었습니다. 선생님의 강의록이나 자료들은 '복사하지 마시오'라고 적힌 채로 복사본이 돌아다녔던 것으로 압니다.

그 당시 동영상 강좌는 있어도 유료화를 한 것은 제가 메가스터디보다 일단 빠른 게 맞습니다. (웃음) 공부하신 분들의 요약본이 많이 돌아다닌 것으로 압니다. 아니면 강의가 끝난 뒤 가벼운 뒤풀이 자리에서 별도로 물었던 내용들을 요약본으로 만들어 복사한 것으로 압니다. 뭐 복사 못하게 했는데 그게 또 복사되고 그랬겠죠.

제이선생님 선생님께서 저에게 처음 권해 주신 책이 《춘하추동 신사주학》입니다. 시각이 새롭고 흥미로웠습니다.

제가 제시해 드리는 측면은 고전적인 기준을 공부하지 마시라는 뜻이 아닙니다. 현대 사회에 다시 어울리게 리메이크하는 과정이 필요하다고 생각합니다. 제가 제시하는 여러 가지 키워드를 통해서 한번 생각해 보시기를 바랍니다.

음악 세계에서도 클래식, 재즈, 블루스, 소울, 댄스 뮤직까지 온갖 것이 다 있습니다. 현대의 역학적 사조도 굉장히 스펙트럼이 넓고 다양합니다. 클래식 중심으로만 공부해서 사람의 삶을 분석하고 또 제시하고 상담한다는 것은 굉장히 협소한 안목이 될 수 있습니다. 다양한 시각에서 학습해 보시는 것을 권해드립니다.

> **제이선생님** 사람들이 궁금해하는 것 중의 하나가 사주팔자가 같으면 삶이 같으냐입니다. 사주가 같아도 모두 다르게 산다는 논리로, 명리학을 비난하기도 합니다. 이 논의에 대한 선생님의 생각을 들어 보고 싶습니다.

간지 체계가 같다 하더라도 더 큰 기준점을 가지고 이해할 필요가 있습니다. 사람의 운명은 크게 세 가지 요소로 만들어집니다.

첫 번째, 천시(天時)입니다. 사주팔자의 간지 체계라는 것이 공전운동 자전운동을 할 때 우리가 천체의 허공 속에 어떠한 좌표에 있느냐, 위치가 어디에 있느냐 이런 개념입니다.

둘째, 지리(地理)입니다. 지금 순간에도 평양, 서울, 부산, 호주, 일본 등 다양한 장소에서 아이들이 태어나요. 같은 날 같은 시간에 태어나는 아이들이 국내만 하더라도 약 60명 내외 정도 됩니다. 그렇다면 그 60명 내외는 간지 체계가 똑같다고 보면 되겠지요. 하지만 평양, 서울, 부산 등 지리적인 요소를 고려하면 같을 수가 없습니다. 지리를 통해서 국가 운영 체제까지 고려할 필요가 있습니다.

셋째는 인위(人爲)입니다. 무엇을 하는가를 의미합니다. 사람이 무엇을 하는가를 이야기할 때, 혈연이나 가족 관계가 중요한 작용을 합니다. 또 직업이나 일과 관련한 활동을 할 때 어떤 활동을 더 위주로 하는가도 차이를 만들어 냅니다. 혹은 습관적으로 부지런한가 게으른가를 보는 등을 인위라 이야기할 수 있습니다.

한 개인의 운명은 천시와 지리와 인위가 섞여 있는 것입니다. 그래서 쌍둥이로 태어나도 그 운명에는 양기와 음기의 편차가 있습니다. 따라서 삶의 내용은 다를 수밖에 없습니다.

제이선생님 네. 같은 시간이면서 동시에 같은 공간에서는 하나의 개체만이 존재합니다.

그렇죠. 물리적인 어떤 공간은 기나긴 시간의 흐름 속에서 하나밖에 없습니다.

제이선생님 선생님께서는 하나의 글자가 가지는 여러 기운을 아날로그와 디지털의 개념으로 설명하고 계십니다. 그 부분을 이야기해 보면 좋겠습니다.

사주명리학에서는 간지 체계를 많이 배우는데, 제일 먼저 배우는 것이 천간 열 개 글자입니다. 갑을병정무기경신임계 이런 식으로 글자들을 외웁니다. 이때 간과하면 안 되는 것이 있습니다. 갑(甲)을 볼 때 디지털화된 또는 코드화된 갑이라는 사실을 알아야 합니다. 너무 이렇게 글자에 묶여서 단적으로 파악하려는 것은 위험한 접근입니다.

제이선생님 선생님 말씀은, 갑(甲)은 갑(甲)! 이게 아니라는 것이지요?

그렇지요. 예를 들어 원운동을 할 때, 편의상 대조하기 위해서 구간을 나눈 것입니다. 열 개의 구간 중 한 구간을 갑(甲)이라고 하는 것이지요. 다시 말해 계(癸)와 을(乙) 사이의 갑(甲)입니다.

제이선생님 그렇죠. 계(癸)에서 막 나온 갑(甲)의 기운과 중반부의 기운이 다를 것입니다. 갑(甲)의 끝부분 다시 말해 을(乙)이 되기 직전의 갑은 다르다, 이러한 말씀이지요?

그렇습니다. 기운의 힘이나 차이 면에서 갑이라도 모두 같은 갑이 아니라는 말씀입니다. 인(寅) 월을 생각해 봅시다. 축(丑) 월 그러니까 섣달을 넘어서 인(寅)이라는 글자의 구간으로 들어왔을 때의 기운과 인(寅)의 글자가 끝나갈 때 다시 말해 묘(卯) 월로 넘어가기 전의 인(寅)은 다릅니다. 글자는 같아도 기운의 강약 작용이 다릅니다.

제이선생님 우리가 무지개를 보면 빨주노초파남보, 이렇게 탁탁 나누는데 사실 그것이 칼같이 나뉘는 게 아니라 색깔이 변화하는 과정인 것과 같다는 말씀이지요?

그렇습니다. 그러데이션이지요. 원래 아날로그한 것을 사람의 손으로 디지털화, 구간화, 코드화했다는 거예요. 그래서 갑(甲)이라는 글자를 볼 때, 계(癸)에 가까운가 혹은 을(乙)에 가까운가를 살펴야 합니다. 순환 속에서 글자를 해석하는 연습을 처음부터 해나갈 필요가 있습니다.

제이선생님 천간과 지지, 각 글자는 사람들이 범주화해서 만든 개념입니다. 갑이라는 글자, 을이라는 글자는 인간에 의해 디지털화된 것입니다. 우리 눈에는 글자로만 보이지만 그 이면에 아날로그적인 자연 현상을 이해해야 한다는 말씀이지요?

당연한 말씀. 그러니까 문자가 먼저 나온 것이 아니고 자연이 먼저 있었노라, 그런 뜻이지요.

제이선생님 그것이 베이스가 된 상태에서, 공부를 해나가야 한다는 말씀이지요?

그렇습니다. **우리가 자꾸 문자화된 코드를 가지고 덧셈, 뺄셈과 같은 공식을 만들려 합니다.** 1+1=2와 같은 공식을 만들려고 하지요. 물방울을 생각해 봅시다. **큰 물방울도 1, 작은 물방울도 1입니다. 1+1=2와 같은 공식을 만들어 내면, 실체와는 결이 다른 의미가 생겨납니다.** 코드화 과정에서의 왜곡을 생각해 볼 필요가 있습니다. 그것을 알아야 코드 즉 글자 하나를 보더라도 자연 현상 속에서 해석을 달리할 수 있습니다.

제이선생님 제가 선생님 책에서 밑줄 쫙 긋고, 옆에 스티커 라벨도 딱 붙인 문장 중의 하나인데요, '오소(五所)가 아니라 오행(五行)이다'라고 하셨습니다. 이 말이 저는 확 와 닿았습니다.

그렇죠. 목은 나무가 아니고 금도 쇳덩어리가 아니다. 자연의 운동은 목행(木行)으로 봄바람이 불다가 금행(金行)으로 가을바람이 붑니다. 금과 목은 따로 있는 것이 아니라 표리의 관계에 있습니다.

> **제이선생님** 금목이 표리의 관계다. 그렇다면, 수화도 표리의 관계인가요?

당연한 말씀. 우리가 화(火)라고 하는 것이 불덩어리를 이야기하는 것이 아닙니다. 위로 떠오르고 발산하는 것을 의미합니다. 에너지가 그렇게 되어 있으면 화 운동의 상태라는 것입니다. 그다음에 다시 땅으로 내려오고 하나로 뭉쳐지는 작용이 수(水) 운동인데 이는 방향의 차이를 의미합니다. 수와 화는 운동의 속성 차이일 뿐 두 몸이 아니라는 이야기입니다.

> **제이선생님** 월에서 격을 딱 잡고 용신 찾고 이런 공부가 아니라, 에너지 움직임을 이해하는 공부로 흘러가면 이 공부가 훨씬 폭넓어지고 재미있어지는 것 같습니다. 간지 체계라는 것은 자연의 이치를 육십 개의 간지로 구간을 나눈 것으로 생각하면 될까요?

그렇죠. 천간은 오행을 각 두 개씩 열 개로 나누었습니다. 지지도 열두 개로 쪼갰습니다. 또 천간과 지지의 결합 관계인 짝을 지어서 육십 개로 나누었습니다. 이렇게 충분히 나눠주었는데, 간지를 그대로 쓰지 않고 이것을 또다시 우리는 '갑도 목이요, 을도 목이요 인도 목이요' 식으로 공부하고 있습니다.

| **제이선생님** 다시 덩어리로 만들어버리는군요.

그러니깐요. 그 의미와 작용은 엄연히 다릅니다. 따라서 글자를 다르게 만들었고 간지로 두었습니다. 그런데 이걸 다시 또 뭉치고 목이라고 보게 되면, 단순화를 하면서 생기는 오류를 범할 수 있습니다.

| **제이선생님** 앞서 여러 선생님들과 인터뷰하면서도 그렇고, 다른 선생님들께서도 간지를 이해해야 한다는 말씀을 많이 하시더라고요. 그런데 간지를 이해하는 공부는 어렵습니다.

그렇죠. 그런데, 쉽게 할 수도 있고 어렵게 할 수도 있겠지요. 결국은 시간 코드입니다. 어떻게 보면 굉장히 쉬운 것입니다. 하루 안에도 봄, 여름, 가을, 겨울이 있잖아요.

| **제이선생님** 펼치고 오므리고 하는 순환이 있다는 말씀이죠.

네. 거기에 일반적으로 잘 대응되는 사물의 움직임이 수분 같은 경우입니다. 봄에 아지랑이가 오릅니다. 하루도 아침부터 수

분이 증발하기 시작해서 펼쳐집니다. 낮이 되면 수분이 허공으로 쭉 퍼져 버리잖아요. 그래서 우리가 빨래를 낮에 너는 거잖아요. 그리고 저녁이 되면 다시 이슬과 수분이 땅으로 내려옵니다. 밤이 되면 모든 것이 어두워지고 웅크리고 그런 작용이 이루어지는 것입니다. 이런 맥락에서 생각해 보면 이해하기가 훨씬 더 쉬울 수도 있죠. 글자 하나하나만 공부한다는 것은 디지털에 빠져서 디지털만 하는 것이지요.

제이선생님 디지털에 빠져서 디지털만 하고 있다, 간지를 이해하면서 쫙 돌려 순환하는 것을 이해해야겠군요. 이렇게 이야기를 나누다 보니, 돌고 도는 순환적 관점의 동양적 시간관, 생태학적 관점의 인간관을 생각하게 되는군요. 인간도 자연의 일부라는 사실이 확 와 닿게 됩니다. 이건 좀 다른 얘기인데 제가 이어령 선생님의 《디지로그》라는 책을 읽은 적이 있습니다. 그분이 디지털과 아날로그라는 단어를 묶어서 그 융합의 중요성을 이야기하셨어요. 그때 '디지로그'라는 용어를 제시하셨습니다. 명리도 디지로그 명리가 아닌가 이런 생각을 한번 해보게 됩니다.

그렇죠. 우리가 배운 건 디지털 코드지만 아날로그의 자연 움직임을 구간으로 나눈 것임을 반드시 이해할 필요가 있습니다.

명리학이 나아갈 방향

제이선생님 명리에서 신살(神殺)은 논리 체계가 없는 무용한 것이라 이야기하는 사람이 많습니다. 저 역시 그러한 확증 편향이 있었습니다. 최근 신살에도 논리성이 있음에 주목하면서 편견을 깨어 가고 있습니다. 신살을 명리의 또 다른 날카로운 도구로 소개해 보고 싶은데, 신살에 관한 선생님의 생각을 들어 보고 싶습니다.

우리가 명(命)을 관찰할 때, 연월일시에 있는 여덟 글자의 조합에 대한 해석의 기준은 매우 다양합니다. 비유하자면, 사람의 몸을 진단할 때 정밀하게 진단하기 위해서 엑스레이도 찍어보고, 초음파도 해보고, MRI도 합니다. 사주 역시 그 해석의 기준이 다양할 수 있다는 것입니다. 엑스레이를 잘 보는 사람은 다른 것은 필요 없고 엑스레이 하나면 충분하다고 말합니다. 맞는 말이지만, 엑스레이상으로 잘 파악할 수 없는 것들을 MRI라든지 다른 도구로 얼마든지 읽어낼 수 있습니다.

고전에서 가장 많이 나오는 격국 용신설, 오행의 왕쇠론 이런 것을 바탕으로 주로 사주를 봅니다. 당연히 타당한 방법이 맞지만, 다른 방법도 있다는 이야기지요. 오행의 강약이나 십신 조합, 격 이외에 수많은 종류의 신살도 사람에 관한 정보를 읽는 중요한 시각 혹은 기준이 됩니다.

처음 공부할 때 우리 세대도 신살에 대해서 회의론적인 분들의 글을 많이 봤기 때문에, 굳이 배울 필요 없다고 생각하며 좋아했지요. 그런데 사람들의 운명적인 개성을 파악하다 보니 신살 중에 버릴 것이 많지 않다고 생각하게 되었습니다. 신살의 중요성을 눈치채고, 그런 것들에 관한 정리를 열심히 하다 보니 그것만으로도 많은 의미를 읽을 수 있다는 것을 알게 되었습니다. 신살을 모르면 사람의 다양한 개성과 기질을 전체적으로 온전하게 정리할 수 없다는 거예요.

제이선생님 저는 이제 선생님의 말씀이 받아들여집니다. 그런데 불과 몇 년 전만 해도 저도 신살은 공부하면 안 된다고 생각했습니다. 이렇게 신살이 비난받는 이유가 뭘까? 그 부분에 대하여 고민을 많이 해봤습니다. 생각을 해봤는데 이 단어가 가지는 함축성 때문인 것 같습니다. 그러니까 '너는 역마살이니까 이래, 너는 공망이니까 이래' 이렇게 알고 있어요. 신살에 대해서 많은 분들이 논리가 없다고 오해하고 있습니다. 그런데 신살도 어떤 논리 체계가 있다는 말씀이지요?

그렇죠. 당연합니다. 신살이 성립되는 논리 체계가 있는 건 당연합니다. 이것은 또 학문적 분위기와도 맞물립니다. 중국 송대 이전의 해석 방식은 대체로 별자리를 바탕으로 합니다. 어떤 조건에서 발생하는 어떤 인자를 대응하는 방식으로 해석하는 것이 주를 이룹니다. 별자리 시스템은 대응식 해석입니다. 송대 이후의 학문적 분위기는 이학화(理學化)입니다. 사전적으로 보면 자연철학이라고 보통 번역합니다. 결국 관계성을 중심으로 해석하는 학풍이 생겨났다고 보시면 되겠습니다. 이런 분위기에서 어떤 글자가 다른 글자를 보면 어떤 현상이 발생한다는 식으로 관계를 해석하는 방식이 등장합니다. 학문적으로 훨씬 더 세련되어 보이는 분위기가 만들어지면서, 대응 방식의 해석은 상대적으로 그 중요도에서 밀려나는 모습을 보이게 된 것입니다.

무언가를 측정할 때, 큰 자는 맞고 눈금이 많은 자는 틀렸냐면 그게 아니라는 이야기입니다. 줄자는 틀리고, 쇠자는 맞는가. 그게 아니라는 거예요. 줄자도 맞고 쇠자도 맞습니다. 큰 스케일의 큰 자로서만 무언가를 재단하는 그런 분위기가 팽배했다는 이야기입니다. 오행의 왕쇠론 중심, 십신의 강약 중심, 또 격에 필요한 여러 가지 희신, 기신, 구신, 한신과 같은 관계론적인 해석이 거의 청대까지 계속 이어집니다. 이런 분위기 속에서 신살이 가진 해석 기준들이 서서히 사장되어 버린 것입니다. 사장된 것들을 다시 현대에서 살펴보니, 삶 속에 그대로 작용하고 있다는 것을 알게 되었습니다. 현대적 의미로 재해석을 하는 작업이 없었을 뿐이지 그게 무의미한 건 아니었다는 거죠. 우리 학문이 사실 뒷골목부터 출발한 역학이기는 한데, 그 뒷골목에서 다양한 상황들을 상담하게 됩니다. 이때 설명할 수 있는 논리가 신살일 수 있다는 것입니다.

제이선생님 그런데 예를 들어, '망신살 때문에 이렇게 되었다'라는 말을 보면 망신살이라는 용어가 등장하는 에너지의 관계성이 있다는 말씀이지요? 그 지점을 이해하게 되면, 이게 허무맹랑한 것만은 아니라는 생각을 가질 수 있을 것 같습니다.

그래서 좀 번잡스럽고 복잡하더라도 현대에 그대로 유의미하게 적용되는 신살 정도는 여러분들이 파악하셔서 공부해 두시면 좋겠습니다. 예를 들어 주방 기구에 도마, 칼, 주걱 세 가지만 있어도 다 됩니다. 쥐포 자를 때 가위를 쓰면 편한데 칼을 쓰면 힘이 듭니다. 좀 더 정교하고 그 사람의 상황에 필요한 것을 조언하려고 하면, 신살에 대해서 또 중요한 것들은 놓치지 않아야 한다고 말씀드리고 싶습니다.

제이선생님 신살에 관한 설명 감사합니다. 아직 연구해야 할 부분, 학문적으로 합의가 이루어져야 할 부분이 많은 것 같습니다. 긴긴 겨울을 견뎌 온 학문입니다. 씨앗이 잘 보듬어지고 다듬어져서 발아를 앞둔 것으로 보입니다. 선생님께서는 학문과 술수, 강단과 강호 그 접점에 항상 계셨습니다. 늘 강의하고, 늘 상담하셨지요. 그 접점에서 아주 오랜 세월 명리의 역사와 함께하신 선생님께서는 명리학이 가진 사회적 비전이 무엇이라 생각하시는지 의견을 듣고 싶습니다.

학문적 목적이라는 기준을 어떻게 설정하느냐에 따라 다르긴 합니다. 이 학문의 궁극적 목적은 진리 체계에 대한 이해겠지요. 그 가운데에서도 특히 예측에 관련된 것을 이야기할 수 있습니다. 미래 환경을 예측한다는 것은 인간의 생존에 필수적입니다. 겨울에 씨를 뿌리지 않는 이유는 뭘까요. 논과 밭이 비어 있어도 왜 우리는 겨울에 씨를 뿌리지 않을까요. 겨울에 씨를 뿌리면 얼어 죽기 때문에 안 된다는 것을 알고 기다릴 수 있습니다. 기다리면 봄이 온다는 걸 알고 있지요.

미래 환경을 예측한다는 것은 개인의 미래뿐만 아니라 조직이나 국가, 사회 전체의 앞날과도 직결됩니다. 여러 사람의 삶을 책임지고 이끌어 가는 사람은 반드시 미래 환경을 내다볼 수 있어야 합니다. 소위 비전이 있어야 합니다. 그러한 비전을 제시하기 위해서라도 예측을 잘 해내는 능력을 배양할 필요가 있습니다. 예측을 위한 어떤 수단이 이미 수많은 학술 체계를 통해서 정리되어 있습니다.

명리 공부와 같은 학술 체계를 토대로 현재 상황을 이해하고, 사회의 여러 가지 조건을 고려해서 해석하는 능력이 필요합니다. 이런 것이 명리학이라는 학문을 어떻게 활용해야 하는지 생각하게 합니다. 또 궁극적으로 명리학이 제시해야 하는 것이기도 하고요. 이런 부분이 이 학문을 하는 목적 속에 포함되어 있습니다.

앞날을 모르면 큰일납니다. 시원치 않은 사람이 여러 사람을 이끌어 가다 보면 전체적으로 미래에 큰 대가를 치르게 됩니다. 따라서 앞날을 제시하는 사람, 비전을 제시하는 사람들은 반드시 이 학문을 통해서 미래 환경을 예측할 수 있어야만 합니다. 그것이 이 학문이 중요한 가장 큰 이유라고 생각합니다.

제이선생님 네, 알겠습니다. 제가 예전에 조용헌 선생님의 책을 재미있게 봤습니다. 그분 책에 동양 오술을 이야기하면서, 한의학은 완전 양지로 드러났고 풍수지리는 최창조 교수님 이후로 자리를 잡고 있다고 설명하셨습니다. 그런데 명리학은 아직 음지에 있다고 이야기하셨습니다. 하지만 명리학의 위상도 예전과는 많이 달라졌습니다. 그 과정에서 많은 선생님의 공헌이 있었는데요, 90년대 하이텔역학동호회 등의 활동이 의미 있어 보입니다.

하이텔역학동호회 활동 같은 것이 사람들을 학문적 광장으로 끌어내는 데 크게 영향력을 미친 바가 있습니다. 이 학문은 신비주의 요소로 접근하고 또 해석하는 학문이 아닙니다. 지극히 자연과학이거든요. 자연의 원리를 규명하고 원리를 활용해서 인간의 삶을 유익하게 하는 것인데 이것을 신비주의에 자꾸 묶어 두려는 것은 심리적 이중 잣대라고 생각합니다. 자기가 상담하러 가면 신중한 것이고, 남이 보러 가면 의지력이 약한 것이라는 식이지요. 고대인들이, 망원경이 없었고, 현대와 같은 천문 지식 체계가 없었기에 놓친 부분이 있긴 합니다. 하지만 옛사람들이 관찰하였던 별들의 위치 변화와 계절 변화는 틀린 것이 아닙니다.

이러한 관찰은 매우 중요한 일이었습니다. 생존과 직결돼 있었기 때문입니다. 농업 중심 사회에서는 계절을 예측하지 못하면 농사를 망쳐버립니다. 그런 의미에서 이 학문 체계는 절대적으로 필요한 어떤 요소였지요. 현대 천문학에 거의 가까운 학문 체계를 옛사람들이 모두 정립해 놓은 것입니다. 제발 명리학을 과학적으로 접근하시기 바랍니다. 이걸 신비주의로 접근하게 되면, '와 신기하다' 하고 끝나버릴 수 있을 것입니다. 하지만 신기할 게 하나도 없어요.

서로 인과성을 가지고 상호작용을 일으키는 것에 대해 생각해야 합니다. 봄이 와서 꽃이 핀 것입니다. 이와 같은 인과성은 신비주의가 아니지요. 물론 문학적 요소가 해석에 가미될 수는 있겠지만, 이 학문 자체는 철저히 과학적인 토대를 기준으로 접근해야 합니다. 그래서 우리는 강의할 때, 적어도 고등학교 수준의 수학, 물리, 생물학, 지구과학 등의 지식이 없으면 공부가 힘들 것 같다고 생각하기도 합니다.

제이선생님 다방면으로 공부를 많이 해야 한다고 생각합니다. 그래야 더 깊이 있게 다져지는 학문인 것 같습니다. 선생님께서는 교육자로서 그리고 상담가로서 아주 긴 시간 역학계에 자리하고 계십니다. 오늘날 강단을 향해서 교육자로서 한말씀해 주시면 감사하겠습니다.

풍수지리에 이런 격언이 있습니다. 산자산, 서자서(山自山, 書自書). 산은 산대로 놀고 있고, 글은 글대로 놀고 있다는 의미입니다. 책을 볼 때는 자기가 아는 게 많은 것 같은데, 산에 가서 명당 한번 찾아보라고 하면 못한다는 이야기입니다. 우리 학문은 실용성이라는 특징도 가지고 있습니다. 실제 사람에게 적용되고 또 거기에서 대안을 찾아주는 학문이지요. 따라서 이론과 실제의 문제에서 실제에 관한 것들도 어느 정도 학습 과정에서 구현을 해줄 필요가 있다고 생각합니다.

제이선생님 어떤 말씀인지 알겠습니다. 선생님께 배워서 상담하는 분들도 많으실 텐데요. 현장에서 상담하는 분들에게 또 한 말씀 해 주실 수 있으실까요?

현장에 있는 분들은 이론적인 것보다, 술법 중심의 논리만 익히는 경향을 조심해야 할 것 같습니다. 돈벌이를 위해서 여러 가지 술법 위주로만 임하는 것은 지양할 필요가 있습니다. 그리고 사회적 가치 측면에서 역학이 제시하는 윤리 같은 게 있습니다. '때가 아니면 기다려라', '이것이 아니면 결국은 또 세월을 두고 견뎌라'와 같이 이 학문이 주는 인문학적 메시지가 있습니다. 상수학적 측면만 있는 것이 아니지요. 사람의 윤리를 제시하는 그런 인문학적인 요소를 놓치지 말고, 사람을 돕는 마음으로 임하는 것이 바람직하다고 생각합니다.

제이선생님 선생님 책의 뒷면에 보면 이런 내용이 있습니다. '거울 역할을 제대로 해야 한다. 굽은 거울이 되어서는 안 된다.' 내가 굽은 거울일 수도 있으므로 조심해서 명(命)을 대해야 한다는 이야기인 것 같습니다.

그렇죠. 자신이 확실하게 터득한 어떤 논리라 하더라도 자신도 모르는 사이에 상대에게는 왜곡된 정보를 줄 수 있습니다. 굽지 않은 거울이 되기 위해서 학문적으로 정진하는 자세가 필요합니다. 또 다른 사람의 잣대도 충분히 고려하면서 열심히 공부하시면 좋겠습니다. **이게 공부하는 학문이지, 내가 남들 팔자 잘 봐서 돈 벌고 다른 사람의 삶을 좌지우지하는 수단이 아닙니다.** 사람의 말 한마디가 어떤 영혼을 죽이기도 살리기도 합니다.

제이선생님 정말 조심히 다루어야 하는 학문이라는 말씀이군요. 크게 공감됩니다. 선생님께서 MIT 박사팀과 AI 전문가와 협업해서 만드신 앱을 미국에서 출시한다고 알고 있습니다.

네. 지금 거의 완성 단계에 와 있습니다. 이것을 세계적으로 전파하는 방법을 고민했고, 앱 개발을 생각했습니다. 조합되는 모든 간지의 사례에 대한 설명을 입력해야 하는 시스템이라 어렵습니다. 아무리 그룹핑(grouping)을 거듭하고 묶어도 비어 있는 공간이 생겨요.

제이선생님 아주 오래전 선생님께서 부산일보에서 연재하셨던 오늘의 운세랑은 비교가 안 되겠군요.

그건 그냥 열두 띠의 여러 가지 기준점만 잡아서 나누는 것이었지요. 유러피언들은 '인연'과 같은 개념을 잘 이해하지 못합니다. 용어 자체가 없습니다. '궁합'이라는 개념도 그들은 약합니다. 이런 부분들을 그들이 이해할 수 있는 용어로 전부 정리했습니다. 생일만 집어넣으면 MBTI 값이 다 나와요. 이런 노력이 학문의 발전과 학문이 주는 효용을 지속성 있게 해 주는 일이라 생각합니다.

제이선생님 4차산업혁명 시대에 명리가 새로운 방향으로 나아가는 과정에 있는 것 같습니다. 그 길을 또 한 발짝 앞서 문을 열어 주신 게 아닌가 생각합니다. 좋은 말씀 해 주셔서 정말 감사드립니다.

중요한 키워드들을 일종의 화두처럼 던져 드렸습니다. 열심히 공부하셔서 원하는 목표까지 도달하시기를 기원하겠습니다.

인터뷰를 마치고

박청화 선생님의 《춘하추동 신사주학》이라는 책은 음양오행의 글자들이 서로 관계하는 역동성을 설명합니다. 아날로그와 디지털의 개념으로 글자들이 구간으로 분류되어 있다는 것을 이해할 필요가 있습니다. 이것은 우리 공부의 가장 기본 틀이 되어야 한다는 생각입니다. 오소(五所)로 접근하는 명리학은 한계가 분명합니다. 오행(五行)의 순환을 바탕으로 천간과 지지의 변화 양상을 파악하는 것이 중요합니다.

선생님과 인터뷰하기 전에 사전 회의가 있었습니다. 인터뷰에는 다 하지 못한 이야기들이 많았습니다. 선생님의 삶에 대한 고민과 고뇌, 명리학에 대한 애정과 제시하고 싶은 비전에 대하여 많은 말씀을 들었습니다. 선생님의 낡은 가방과 선한 웃음, 분명한 말씀이 하나의 장면으로 생생하게 떠오릅니다.

'내로남불'에 대한 이야기가 생각납니다. 내가 사랑하면 로맨스고, 남이 사랑하면 불륜이라고 이야기합니다. 명리학 역시 여전히 그런 인식이 팽배함을 안타까워하셨습니다. 정계, 재계 등 유명 인사 역시 사주 상담에 많은 부분 귀를 기울인다고 말씀하셨습니다. 사주명리학은 항상 우리네 삶과 함께한 것이 사실입니다. 우리 어머니는 내가 임용고시를 칠 때 사주를 보러 가셨습니다. 내가 결혼할 때도 사주를 보셨지요. 우리 시어머니는 내가 아이 셋을 낳을 때마다 사주를 보러 가셔서 날을 받아오셨습니다.

그런데 내가 이 공부를 하기 위해 퇴직을 하겠다고 말씀드렸을 때, 어머니는 앓아누워 버리셨습니다. 정말 내로남불 같은 공부라 생각하게 됩니다. 이러한 가운데에서도 많은 선생님께서 이 학문의 가치를 단단히 부여잡고 책을 집필하고, 강연을 이어오셨습니다. 다양한 방법으로 세상과 소통한 박청화 선생님의 노력은 이 공부에 대한 부정적 인식을 크게 개선시켰습니다.

　명리학은 봄이 와서 꽃이 핀 것을 이야기하는 것이라는 말씀이 인상적이었습니다. 명리학은 특별하지 않습니다. 봄에 핀 꽃, 여름에 내리는 소나기, 가을에 익어가는 열매, 눈 내리는 겨울은 특별하지 않습니다. 그 특별하지 않은 것이 참으로 특별합니다. 그 특별하지 않은 것이 참 아름답습니다. **명리학은 자연과 순환을 이야기하는 특별하지 않은 공부입니다. 그 특별하지 않은 공부 속에서 우리는 특별함과 아름다움을 발견합니다. 알면 알수록 매력적인 공부라는 생각을 다시금 하게 되는 인터뷰였습니다.**

삶은 서로 작용한다

진평 송재호

내가 어떤 식으로 내 운명의 길을 가고 있느냐에 대한 것을
이해하는 것이죠. 그리고 주변 사람들 관계도
이해할 수 있다는 것이 큰 장점이 되지요.
어찌 보면 사소하지만 깨달음이겠죠. 자기 깨달음이겠죠.

인터뷰에 들어가며

사행도(四行圖), 긍정의 명리

　진평 선생님을 처음 알게 된 시기는 2021년 11월이었습니다. 이때는 〈하루 한 장, 명리〉 유튜브 채널을 개설하고, 강의를 열심히 올릴 때였습니다. 2022년 임인년 운세를 설명하는 선생님의 유튜브 영상을 우연히 보게 되었습니다. 전개하는 논리가 질서 정연하고 새로워서 영상을 보자마자 선생님께 연락을 드렸습니다. 처음 찾아뵙게 되었을 때, '은진(恩津) 송(宋)'씨 왔다고 반가워하셨던 기억이 납니다.

　이때부터 선생님께 사행도(四行圖)와 그것을 바탕으로 한 통변(通辯)을 배우게 되었습니다. 인터뷰는 선생님 밑에서 공부를 시작한 이후 1년 정도 지나서입니다. 인터뷰를 진행하는 동안 함께 공부하는 청중들이 앞에 앉아 있어서 그랬는지, 은사님이라 그랬는지 실수를 많이 하였던 기억이 납니다. 1년 동안 옆에서 뵌 선생님은 여러 분야에 관심이 많고, 재주도 많으십니다. 일러스트나 포토샵은 기본이고 홈페이지나 책자도 뚝딱 만드십니다.

내가 여러 선생님을 뵙고 인터뷰를 시작하기로 하였을 때, 영상 장비와 필요한 프로그램에 대한 조언도 아끼지 않고 해 주셨습니다. 이러한 인터뷰를 시작할 수 있게 지지해 준 조력자 중 한 분을 인터뷰하게 된 것이라고도 할 수 있겠습니다.

  아주 개인적인 이야기이지만 선생님과는 혈연, 학연, 지연에서 공통점이 많습니다. 그래서인지 더 편안한 마음으로 도움을 받게 된 것 같고, 동시에 더 불편한 마음으로 공부하게 된 것 같습니다.

  선생님을 처음 뵈었던 시기에, 나는 이 공부를 제법 다졌다고 자평하고 있었습니다. 자신이 있었기에 유튜브에 강의도 올린 거지요. 하지만 여전히 풀리지 않는 의문들이 많이 있었습니다. 비록 알고 있기는 하지만 말하기 어려운 부분들이 많았습니다. 그 부분을 논리적으로 설명해 주는 선생님을 만나게 된 것이지요.

  하나를 얻으면 하나를 잃는 법입니다. 선생님을 뵌 이후로 새로운 시각을 얻은 대신 자신감은 잃고 말았습니다. 한참 '일주론'을 강의하던 시기였는데, 내 강의의 한계가 여실하게 보였습니다. 이 공부의 위엄과 마주했다고나 할까요. 단순하게 외워서 하는 공부가 아니라는 사실, 방대하게 양만 부풀려서 되는 공부가 아니라는 사실을 뼈저리게 느꼈습니다. 그 시점부터 유튜브 강의를 전면 멈추고 말았습니다. 만족할 정도로 알지 않은 상태에서 계속 강의를 이어 나가면 언젠가 스스로 후회할 수도 있겠다고 생각하였기 때문입니다.

선생님의 사행도(四行圖) 이론을 베이스에 두고, 공부를 재점검하기 시작했습니다. 사행도를 공부하다 보니 여덟 글자가 에너지로 보입니다. 어릴 때 유행했던 '매직 아이' 그림처럼 보입니다. 글자가 에너지로 보이면 입체적 해석이 가능한 것 같습니다.

선생님은 로빈슨 크루소 같습니다. 늘 개척하고 궁리하고 창조하는 긍정의 힘을 가진 분이십니다. 선생님과 인터뷰를 한 이후 더욱 열심히 공부하겠다고 약속드렸습니다. 다양한 고전을 맛보여 주고, 끝까지 읽을 수 있도록 동력을 불어넣어 주신 분입니다. 이런저런 사례의 명조를 주며 풀이를 해보라고 숙제를 내기도 하십니다.

이 인터뷰는 역으로 선생님이 나를 향해 질문을 많이 던져 준 인터뷰였습니다. 그래서였을까요. 어떤 의미에서는 내 공부에 대한 반성이기도 하였고, 공부의 방향성에 관한 재점검이기도 하였습니다. 반성과 공부에 대한 기대감이 함께한 감사한 시간이었습니다.

New classic, 사고의 틀을 뒤집는 용기

> **제이선생님** 오늘은 진평 송재호 선생님과 이야기 나눠 보겠습니다. 선생님께서는 대학에서 시각 디자인을 전공하셨고, 대구한의대학교 동양사상학과에서 석사학위를 받으셨습니다. 일전에 저에게 〈자평진전 격국 형성 원리〉라는 논문을 하나 주셨는데, 석사학위 논문인 걸로 알고 있습니다. 그 논문이 참 인상적이었습니다. 선생님께서는 지금 부산에서 오프라인 교육을 하시고, 실시간 온라인 수업도 하고 계십니다. 동영상 공부방을 운영하고, 유튜브 활동도 하십니다. 선생님께서는 어떻게 이 공부를 시작하게 되셨습니까?

보통 다들 비슷합니다. 저도 여기 공부하러 오는 분들에게 처음 어떻게 이 공부를 시작하게 되었는지 꼭 물어봅니다. 살아가는 여정에서 어떤 굴곡을 경험하고, 힘든 시기를 겪으면서 자신을 돌아보는 시기를 지나게 됩니다. 대부분 그럴 때 공부하게 되는 경우가 많습니다. 저도 마찬가지로 그런 시기를 지나면서 명리 공부를 하게 되었어요. 물론 삶의 굴곡이 있다 해서 이 공부를 무조건 하는 건 아니지요. 이때까지 지내 온 환경이나 여건에서 가까운 연결점들이 있다 보니 결국 이쪽으로 답을 찾아보고자 시작한 것 같습니다.

제이선생님 '어떤 어려움이 있으셨고, 그래서 이 공부에 깊이 심취하게 됐다' 이런 말씀이시네요. 사실 사주 명리를 공부할 영역이라 여기는 관점을 가지기 쉽지 않습니다. 선생님께서 이 공부를 시작하던 과거에는 더욱 편견이 있었을 것 같습니다. 선생님께서는 언제쯤 이런 영역의 공부가 있다고 접하셨을까요?

이런 공부가 있다는 것은 아주 어릴 때부터죠. 부산은 특성상 사주 명리를 접하기가 쉬웠습니다. 자연스러운 삶의 한 부분이라고 사람들이 인식을 많이 하죠. 부산 사람들은 사주 보러도 많이 다닙니다. 6.25 전쟁 때 전반적으로 술사들이 부산 쪽에 정착하는 경우가 많았습니다. 그런 과정에서 일종의 도사님들께서 부산에 많이 모이셨지요. 그런 바람에 부산은 사주 명리를 접하기가 쉬웠지요. 저희 부모님도 박도사님한테 가서 제 사주도 보고 그랬지요.

제이선생님 박도사님, 대단한 분이시죠. 그분께서는 선생님의 사주가 어떻다 하시던가요?

판검사 사주라던데.(웃음)

제이선생님 판검사 사주요?

살아 계시면 그분을 찾아가 왜 그런 간명을 하셨는지 여쭤 보고 싶네요. 박도사님을 뵙고 사주를 풀이한 간명지도 받고 그러셨다고 들었습니다.

| **제이선생님** 그 간명지는 아직 가지고 계십니까?

그게 없지 싶어요. 모르겠습니다. 한번도 제가 찾아볼 노력을 안 해봤네요. 아마 없지 싶어요. 그게 남아 있다면 참 재미있을 것 같습니다. 어쨌든, 이러한 문화가 부산에 많이 있다 보니 자연스럽게 접하게 되었지요. 환경적인 것들이나 사주와 관련한 에피소드들이 누적되어서 결국 이 길로 들어서게 되었나 봅니다. 물론 제 팔자에 이 공부를 하라고 뚜렷하게 도장을 찍어 놓기도 했지만요. 공부를 하면 할수록 나는 이 공부를 계속하게 되는 운명인가 보다 생각합니다.

| **제이선생님** 선생님께서 방금 선생님 팔자에 이 공부를 하는 운명이 뚜렷이 돼 있다고 말씀하셨는데요. 이 공부를 할 그런 뚜렷한 팔자가 따로 있을까요?

여기 있잖아요.

| 제이선생님 여기! 저도 있지요?

우리 선생님도 이쪽 공부에 잘 맞지요.

| 제이선생님 자기 사주에 그러한 성향이 뚜렷하지 않아도 요즘은 대중적으로 많이 공부하고 있습니다.

예, 그렇죠. 좋은 팔자를 가지고 계신 분들도 이 공부를 많이 하지요. 물론 이 공부를 한다고 나쁜 팔자는 아닙니다. (웃음) 아무래도 물질적인 것과 같은 세속적 가치보다는 정신적 가치나 이런 것들을 더 중요시하는 분들이 이 공부를 하죠. 이런 걸 하면서 자기 수양도 하고, 주변 사람과 인간관계 등에 대해 이해도 하려고 합니다. 이런 것들이 이 공부의 매력이지요. 그런데, 하루 한 장 선생님*께서는 어떻게 이 공부를 시작하셨는지요?

| 제이선생님 사실 저는 이 공부가 '공부'라고 생각조차 못 했습니다. 당연히 미신의 영역에 있다고 생각했지요. 그런 편견을 자연스럽게 가졌던 것 같습니다. 그런데 저희 직장에 제가 존경하는 동료 선생님들이 동호회를 만들어 명리학을 공부하시더라고요. 그래서 명

---

* 다른 선생님들은 제이선생님이나 송선생으로 부르셨는데, 진평 송재호 선생님은 인터뷰 당시 꼭 '하루 한 장 선생님'이라고 유튜브 채널 호칭으로 불러주셨습니다.

리가 하나의 학문 영역에 있다는 것을 알게 되었습니다. 또 저 역시 개인적으로 힘든 일들이 누적되면서 뭔가 안식처를 찾고 싶었던 것 같아요. 내가 어떤 사람인지, 나에게 닥쳐오는 이 시련들은 무엇인지 궁금했습니다. 주변이나 관계 등도 궁금했었지요. 이 공부를 하다 보니 뭔가 이렇게 실마리들이 풀려나가는 느낌이 들었습니다. '이게 나의 탓도 아니고 남의 탓도 아니다' 이런 생각을 자꾸 하게 되더라고요. 그러면서 점점 더 빠져들어 공부하게 됐습니다. 선생님을 인터뷰하는 시간인데 제 개인적인 이야기가 너무 길어진 것 같습니다.

오늘은 제가 역질문을 조금 할까 싶습니다. 왜냐하면, 구독자님들께서 제 이야기가 뭐 얼마나 궁금하겠습니까? 오히려 우리 하루 한 장 선생님에 대해 궁금하실 겁니다. 지금 저와 공부하고 계시니, 제가 물어보기도 좋고. 워낙 유명한 분들하고 인터뷰를 또 많이 하시더라고요. 그런 분들이 하루 한 장 선생님에 대해 질문하기는 어렵잖아요. 근데 저는 그렇지는 않으니까.

제이선생님 제가 〈하루 한 장 명리〉 유튜브 강의를 쭉 하면서 사실은 나름의 자신감을 가지고 강의를 이어 갔었거든요. 그런데 선생님 강의를 우연히 보고 나서, 공부를 점검하고 싶다는 생각을 하게 되었습니다. 또 보니까 상당히 가까이 계시더라고요. 제가 그때를 회상하자면, 컵라면을 먹으면서 유튜브를 보고 있었어요. 임인년 운세를 보고 있다가 '이거 뭐지?' 이러면서 여기 찾아가 봐야겠다고 마음을 먹었지요. 그런데 주소를 보니 딱 집 근처더라고요. 그래서 당일 바로 와서 공부에 대하여 상의 드렸고, 수업을 시작하게 되었습니다.

사행도라든지, 선생님 이론에 대해서는 다음 편 영상에서 조금 더 이야기해 주셨으면 하고요. 지금은 책 이야기를 조금 해보고 싶습니다. 선생님께서는 '사행도'에 관한 책을 집필하고 계신 것으로 알고 있습니다. 그런데 공부하는 우리에게 '여섯 달 후', '일 년 뒤' 이렇게 말씀하시면서 말끝을 흐리십니다. 늘 '조만간'이라고 하시며 출간을 미루고 계십니다.(웃음)

늘 조만간입니다. 조만간인데. 어쨌든 올해는 책이 나올 것 같기도 합니다. 적어 두기는 했고, 같이 공부하는 분들이 많이 도와주기도 해서 정리가 어느 정도는 되어 있는 상태입니다. 사행도 이론에 대하여 설명하는 책입니다. 이 이론을 정리한 교재가 필요하다는 하소연을 많이 듣습니다. 아무래도 강의만으로는 정리가 어렵다는 말씀을 많이 하십니다. 텍스트화하는 과정을 거의 다 해놓았고 지금은 다듬고 있습니다. 아마 뭐, 조만간 책이 나오지 싶습니다. 열심히 적어 보도록 하겠습니다.

제이선생님 사행도는 음양오행에 대한 이해와 십이운성의 논리가 함축된 이론이라고 생각합니다. 그런데 사행도는 왜 '사행도'일까요?

사행도라는 이름을 짓게 된 이유는 오행이 어떻게 만들어졌느냐에 대한 의문에서 출발합니다. 오행이 어떻게 만들어졌나에 의문을 가지면서 자료를 찾고 정리를 해갔습니다. 일반적으로 사주 공부를 시작하면 오행은 무조건 알고 시작하지 않습니까? '목화토금수' 이렇게 하면서요. 이 세상에는 오행이 있다는데 그럴싸하잖아요. 나무도 있고 물도 있고 그러니까요. 우주를 이루는 물질, 사람이 살아가는 세상의 모든 물질이 다 그런 특성을 가집니다. 대체로 오행에 대하여 깊은 고민 없이 당연하게 여기고 공부하게 됩니다. 당연하게 받아들인 것에 대한 반성에서 간지 논리에 대해 궁리하기 시작했죠.

간지에 대한 이해뿐만 아니라 오행이 어떻게 만들어지느냐에 대해 내 나름의 정리가 필요하다고 생각했죠. 수화(水火)의 움직임 속에 목금(木金)이 서로 발생하면서 이루어졌다는 기본적인 것에 초점을 두고 생각을 전개해 나갔지요. 이것은 자료도 많이 있고, 옛날 책에 보면 다 그런 이야기들로 가득 차 있어요. 수화목금의 네 가지 사행(四行)의 움직임 속에 토(土)의 작용을 추가하여 고민한 것이지요.

제가 사행도라 이름 지었지만,《자평진전》에도 그런 내용은 다 나옵니다.《삼명통회》나 고서들에 이런 체계의 흔적들이 다 쓰여 있어요. 토를 제외하고 나머지 작용력을 우선해서 관찰하는 것을 중심에 두다 보니까 '사행'이라 하는 움직임이 중요한 작용력을 가지더라는 것이지요. 토가 개입해서 결국 네 가지 움직임을 서로 원활하게 움직여 주는 것에 대하여 정리한 것이 사행도 이론의 바탕입니다. 결국 이러한 움직임이 사람의 모양이나 살아가는 운명의 모양으로 나타나는 것으로 정리한 것이 '사행도'의 기본이라 할 수 있지요.

제이선생님 네, 결국은 오행의 움직임인데 그것을 선생님께서 이름 짓기를 '사행도'라고 하셨다는 말씀이지요? 선생님께서는 사행도를 정리하기 전과 정리한 이후에 명리를 보는 시선이나 교육하는 방법 같은 것들이 달라지셨을까요?

많이 달라졌죠. 그전에는 주로 격국이나 육신적 관계에서 발생하는 논리 정도로 통변하고 교육했습니다. 사주 안에서 육신의 구조 정도로만 사주를 봐 왔던 견해가 굉장히 많이 달라졌어요. 저하고 공부를 오랫동안 같이 한 분들이 많습니다. 그렇게 공부를 함께 오래한 분들도 사행도를 정리하면서 같이 공부를 해 나가게 되니, 그 과정에서 많이 변화되었습니다. 사행도를 알 때와 모를 때 사주를 보는 시각이 많이 달라졌다고 볼 수 있겠습니다.

제이선생님 사행도의 기저가 되는 고전들에는 어떤 것들이 있을까요?

기본적인 음양과 오행이 발생하는 상태를 설명한 책들이 다 근간이 되죠. 《삼명통회》《이허중명서》《낙록자소식부주》라든지, 서자평**의 책들에도 그 내용들이 다 숨어 있습니다. 대부분 고전이지요. 《궁통보감》도 따지고 보면 계절적 작용에서 십간들의 움직임을 보는 것인데, 그것도 간지가 들어 있지요. 이런 고전들의 기본적 설명에서 영향을 많이 받게 되었죠. 이론적인 것은 고서에서 바탕해서 끌고 왔습니다. 근거를 대라고 이야기하는 사람은 없지만, 그런 근거를 가지고 이야기하기 위해 굉장히 고민을 많이 했습니다.

보통 새로운 이론을 접할 때는 그 이론적 배경이 무엇인지를 중요하게 생각합니다. 근거 없이 자신의 주장만 가지고 왜곡한 것인가 아닌가가 굉장히 중요하지요. 저는 될 수 있으면 고전을 바탕으로 예전 사람들이 미리 공부한 것에서 이론을 정립해 나가려고 애를 썼지요. 근거를 충분히 가지면서 체계화했다고 볼

** 명리학(命理學)을 격국 중심으로 체계화한 인물로 오늘날의 사주 명리학은 많은 부분 서자평의 이론에 근거하고 있습니다.

수 있습니다.

제이선생님 제가 목화토금수가 개별적인 오소(五所)가 아니라 행(行)하는 오행(五行)이라는 것을 머리로는 알고 있었거든요. 그런데 이것이 어떠한 논리로 돌아가고 움직이고, 전달하고 전달받는지에 대한 궁금증이 있었습니다. 그 과정을 잘 설명해 주는 게 사행도가 아닌가 하는 생각을 많이 하게 됩니다.

그리고 선생님, 십이운성의 논리 체계도 이 사행도와 함께 이야기하면 설명이 풍성해진다고 생각합니다. 제가 십이운성을 공부할 때 정말 혼돈에 빠졌었거든요. 왜냐하면 십이운성이 천간 글자의 힘의 세기를 나타낸다고 설명하는 선생님들이 많았습니다. 그런데 그렇게 설명을 하게 되면 음간이 역행하는 것이 설명이 안 되는 거예요. 그래서 일부 선생님들께서는 음간을 부정하고, 역행하는 걸 부정하고, 다르게 보기도 하고요. 그래서 자료가 많은 것은 둘째치고, 똑같은 내용을 가지고 다르게 설명을 하니 공부하는 입장에서 혼돈에 빠졌습니다. 그러다가 사행도를 공부하면서 큰 깨달음이 있었습니다. 우리 공부하시는 분들에게 십이운성 이야기를 조금 해 주셨으면 좋겠습니다.

하루 한 장 선생님도 십이운성에 대해 깊이 있게 공부를 하신 걸로 제가 알고 있습니다. 오랫동안 고민을 많이 한 부분을 영상으로 올린 것을 저도 보고 그랬는데요. 참 정리 잘하시는구나 그런 생각을 많이 했었습니다.

지지가 어떤 계절을 순환하면서 천간들의 작용력이 어떤 모양으로 드러나는가의 관점을 보는 것이 십이운성입니다. 그런데 우리가 제일 오류를 많이 범하는 부분이 천간과 지지의 관계성에 대한 이해입니다. 천간의 갑(甲)과 지지의 인(寅)이 동일한 것이라는 개념에서 출발하게 되면 그때부터 혼란에 빠지기 시작합니다. 인과 갑은 다르지요. 계절이 이루어질 때, 십간의 작용들이 골고루 다 작용하며 인(寅)이라는 특성을 만든 것이지요. 그런 개념을 가지고서 출발해야 합니다.

계절이라는 것은 봄 여름 가을 겨울로 순환하는 체계를 가졌지요. '인묘진사오미' 이런 식으로 방향성을 가지고 갑니다. 그 방향성의 과정에서 십간들이 각각 다른 모양을 띠면서 나타나게 됩니다. 우리가 보통 처음에 공부할 때 십간의 갑과 을을 떼어 놓고 공부하게 됩니다. 갑은 갑대로, 을은 을대로의 작용력을 파악하는 데서 문제가 생기게 됩니다. 목이라는 작용력으로 보아야 합니다. 봄을 지나갈 때, 여름을 지나갈 때, 가을을 지나갈 때, 겨울을 지나갈 때, 갑과 을의 목 오행이 어떻게 작용력을 잃어버리지 않고 사계절을 순환하느냐의 개념으로 생각해야 합니다. 그러한 생각이 바탕이 되어야 십이운성 양간 순행과 음간 역행의 작용력을 이해할 수 있게 됩니다.

따라서 십이운성은 지지에서 힘을 얻는다는 개념보다는 작용력을 어떻게 드러내느냐 하는 관점에서 보아야 합니다. 그것이 십이운성을 이해하는 데 있어 가장 중요한 핵심입니다. 십이운성을 이해해야 결국 천간의 작용력과 지지의 상호관계를 이해할 수 있습니다. 따라서 십이운성은 상당히 중요한 부분입니다.

반대 작용이 반드시 있어야 다음 작용으로 가는 것과 같습니다. 또 극을 받아야 생을 하는 것과도 같습니다. 모든 오행의 작용력은 극을 받으면서 생을 하는 작용력으로 이루어져 있습니다. 육친의 논리 역시 생과 극의 관계에서 이야기할 수 있습니다. 명리에서 아주 중요한 '육친'의 논리가 잘 맞는 이유가 음양오행이 생하고 극하는 과정에서 생겨나는 순환 고리 안에 있기 때문입니다. 극을 하는 것과 생을 하는 것, 생을 받는 것과 또 내가 극을 하는 것, 극을 받는 것. 이런 것에 의해 구분되는 것이 아주 기본적인 규칙으로서 중요하다는 것입니다.

제이선생님 선생님의 말씀을 들으니, 예전에 알려 주셨던 내용 중에 합극생(合剋生)에 대해 학습한 것이 생각납니다. 천간 글자가 합하고 극하고 생을 하는 관계를 보면서, 제가 솔직히 너무 놀라웠고 또 재미있었습니다. 그리고 상생상극을 바라보는 시각을 한층 깊게 가져갈 수 있었습니다. 합극생 이야기 잠시 해 주실 수 있으실까요?

합극생 이론이 명쾌한 구조로 이루어진 것은 어떤 오행이나 간지도 극을 받게 되면 변화할 수밖에 없다는 가장 큰 원칙이 있어서입니다. 그 변화의 과정은 생을 하는 방식 즉 다음 단계로 나아가는 것으로서 나를 극한 것에게 영향을 주려고 하는 과정이 됩니다. 이러한 고리가 이어진 것에 이름을 붙인 것이 '십신'이라 할 수 있습니다. 또 일간의 입장에서 생과 극의 방식을 길과 흉으로 나누어 구분하는 것으로 십신이 만들어진 것으로 이론 정리가 된 것이지요.

제이선생님 제가 합극생의 이론을 배우고 나서 천간과 십신 관계가 다시 보였습니다. 갑을병정무기경신임계라는 너무나 당연한 순서에도 의미가 있다는 생각을 많이 했어요. 그러니까 갑(甲)이 극을 받으면 을(乙)이 되고, 을(乙)이 극을 받으면 병(丙)이 되잖아요. 음간은 극을 받으면 다른 오행을 생하고, 양간은 극을 받으면 여전히 목이지만 다른 형태로 변하게 된다는 것인데요. 이러한 논리는 당연함에도 대부분 놓치고 있는 부분이라고 생각합니다.

그렇지요. 양은 기세를 가지고 음을 이루어 주어야 되지요. 그런 단계를 통해서 갑은 다시 살아날 수 있는 계기를 만들지요. 을을 만들어야 갑은 을이 이룬 것을 바탕으로 순환하여 다시 나오게 되지요. 그런 순환 고리가 만들어져 있습니다. 그러한 관계성을 바탕으로 음양의 고리들은 절대 계절에서 자기를 잃어버리지 않습니다. 하나가 못하면 하나가 잘하고, 하나가 잘하면 하나가 못하는 척하면서 순환하는 모양이 십이운성입니다.

사소한 자기 깨달음

제이선생님 선생님께서는 십이신살을 그림으로 외우기 쉽게 설명하신 영상들을 유튜브를 통해 소개하고 계십니다. 십이신살이 가지는 의미에 대해 말씀해 주시면 감사하겠습니다. 그리고 고전을 깊이 탐구하고 정리하여 학생들에게 강의하고 계십니다. 고전 공부에 대한 이야기도 듣고 싶습니다.

고전 공부는 엄청 많이 하고 그러지는 않습니다. 한문 번역 잘하는 분들이 보면 웃으실 텐데. 저는 문장에 대한 제 나름의 해석을 하는 것을 좋아합니다. 십이신살 부분은 잘 응용하지 않는 분들이 많이 계시는 것으로 알고 있습니다. 그런데 부산에서는 많이 씁니다. 명리 이론도 지역적으로 선호하는 바가 상당히 다른 것으로 알고 있습니다. 십이운성 같은 경우도 그렇지요.

제가 공부하는 시기에는 격국 위주의 사주 풀이법이 공부 분위기의 주종을 이루었습니다. 그리고 신살을 배격하는 공부 분위기가 팽배해져 있었어요. 그게 공부를 일찍 시작한 사람들이 폐해를 준 것이 아닌가 생각합니다. 먼저 공부한 사람들이 그렇게 주장하다 보니, 뒤에 따라오는 후학들은 그 공부가 큰 결실을 보지 못한다고 생각하고 필요 없다고 받아들이게 되었지요.

그런데 부산이라는 지역적 특색이라는 것도 있고 해서 저는 자연스럽게 신살을 공부하게 됐습니다. 그런데 지금 줌(zoom) 수업에서 다른 지역에 계신 분들 공부해 온 이야기를 들어 보면, 십이운성과 십이신살은 거의 하면 안 되는 공부라 생각하며 배격해 오셨더라고요. 가르치는 분들이 그렇게 말씀하시니 따라오는 학생 입장에는 당연하게 받아들였겠지요.

사주를 격국 체계로 이해하는 것보다 십이신살은 그 쓰임이 오래되었지요. 제 생각입니다만, 사주 해석의 중요도 측면에서 볼 때도 격 못지않게 신살은 중요한 체계입니다. 중요한 부분이 있으니 이렇게 오랫동안 전해져 왔겠지요. 또 고서들에서 충분한 근거 자료들을 찾을 수 있습니다. 그래서 굳이 그것을 배격해 가면서 공부할 필요는 없다고 생각합니다.

명리라는 것은 결국 하나의 사주를 가지고 여러 가지 장치들을 통해 보는 것이라고 생각합니다. 사주를 보는 것이 한 가지 방법만

있는 것이 아니지요. 사행도를 가지고 볼 수 있는 시각, 격으로 보는 시각 등 다양성을 가지고 이해하면 십이신살도 충분히 공부할 가치가 있다고 생각합니다. 하나의 지지에서 천간을 운용하는 방식들이 드러나기 때문에, 지지의 모양새에 따라 천간 작용을 일으키는 방식이나 모양을 십이신살도 같이 가지고 있다고 볼 수 있습니다. 그런데 십이신살만 공부해서는 안 됩니다. 저도 사주를 볼 때 완전하게 신살을 위주로 하지 않습니다. 사실 십이신살을 비율적으로 많이 쓰지는 않습니다. 어쨌든 알기는 알아야 한다고 생각합니다.

> **제이선생님** 네. 제가 제 나름으로 공부를 쭉 하다가 선생님께 배우러 왔을 때 이야기입니다. 선생님께서 저에게 《자평진전》 책을 읽으라고 주셨습니다. 그전까지는 고서를 꼼꼼하게 봐야 한다는 생각도 안 했고, 고서를 통해서 내가 얻을 수 있는 게 과연 있을까, 생각했습니다. 그런데 《자평진전》을 한번 쭉 읽고 나니까 '격'이 정리가 되는 느낌이 들더라고요. 선생님께서 수업하면서 학생들하고 같이 공부하는 고전들에 어떤 것이 있을까요?

한동안은 《자평진전》을 같이 많이 공부했지요. 《자평진전》을 굳이 안 읽어도 격 공부는 다른 루트로도 충분히 할 수 있습니다만, 격 공부를 위해서 많이 읽었지요. 《자평진전》은 워낙 정리가 잘 되어 있다고 볼 수 있어요. 아무래도 스탠더드한 분위기가 있습니다. 물론 고서라는 것 역시 저자의 주장을 담아서 만들어진 책들입니다. 그래서 고서마다 내용의 편차가 상당히 많습니다. 모든 책이 일정한 어떤 것을 주장하지 않기 때문에 고서를 읽을 때도 저자의 생각이라는 점을 염두에 두고 보아야 합니다.《삼명통회》《이허중명서》《적천수 천미》《궁통보감》과 같은 기본 고서들을 보면 다 제각각 자기주장으로 책을 적었거든요. 고전이라고 해서 전적으로 믿고 공부하는 것은 또 경계해야 합니다.

저자 나름의 자기주장이니, 적절하게 걸러 가면서 읽어야 합니다. 일례로, 명조가 같은 것도 중복되어 실린 경우가 많습니다.《연해자평》에 실린 명조들이 뒤로 갈수록 다른 고서들에 굉장히 많이 중복되어 거론됩니다. 그런데 같은 명조라 해도 그 풀이가 다른 경우가 더러 있습니다. 보는 시각의 차이가 있기 때문이겠지요. 따라서 너무 맹신하는 것은 옳지 않습니다. 고전은 내 공부를 이루기 위한 도구로 하나하나 공부해 나가는 것이 좋다고 생각합니다.

우리 하루 한 장 선생님은 제가《자평진전》을 드리면서 공부 좀 해보시라고 했더니, 일주일도 안 되어서 다 읽었다고 하시더라고요. 어떻게 다 읽었는가 생각했는데, 실제로 다 읽었더라고요. 제가 알기로는 하루 한 장 선생님께서도《자평진전》강의를 좀 하다가 스톱 하신 것으로 알고 있습니다.

제이선생님 제가 《자평진전》을 읽기는 일주일 만에 쉽게 읽었습니다. 그런데 이것을 강의하려니까 부분 부분 나의 이해가 부족한 것들이 드러나더라고요. 사실 거기까지 강의하는데도 제 공부가 엄청 많이 되었습니다. 유튜브에 올리는 강의가 구독자를 위한 것이기도 하지만 사실 제 공부가 매우 많이 되는 것 같습니다. 제 이야기 말고, 선생님 이야기 더 들어 보고 싶은데요. 선생님께서 제일 좋아하고, 마음이 가는 고전이 있을까요?

저는 《이허중명서》를 좋아합니다. 앞부분이 납음***으로 시작하기 때문에 인기가 좀 없습니다. 일간 중심의 현대 명리를 공부하는 분들이 볼 때는 엉뚱한 소리처럼 들릴 수 있지요. 귀곡자가 한 이야기를 이해하려 애를 쓰며 보게 되면 재미가 있습니다. 명리에서는 조상 격이라 할 수 있는 귀곡자****나 낙록자*****라는 사람이 있습니다. 낙록자가 적은 글을 주해 단 것을 읽어 보는 것도 재미있습니다. 서자평이 주해를 단 것을 봐도 되

*** 소리에 오행을 결부시킨 개념으로, 간지와 연결되어 사주팔자에 활용됩니다.
**** 전국시대 사상가로 명리학의 기원을 이야기할 때 빠지지 않는 고서인 《이허중명서》의 저술자입니다. 《이허중명서》는 귀곡자의 글을 당대(唐代)의 이허중이 주석을 단 문헌입니다.
***** 낙록자의 실존 여부는 불분명합니다. 《흠정사고전서》에 수록된 《낙록자삼명소식부주》는 낙록자의 글을 서자평이 주석을 단 문헌입니다.

고요.

　《삼명통회》 같은 책들은 내용이 풍부하니, 자료를 찾아보는 용도로 가볍게 읽어 보면 좋습니다. 고전을 하나하나 읽어 나가며, 그것을 바탕으로 자기 이론을 만들어 가는 것이 좋지요. 초학자들이 격을 공부하려면 《자평진전》이 가장 만만합니다. 억부 중심으로 가게 되면 《적천수 천미》가 좋습니다. 서락오 이후 현대 명리로 넘어오면서 시각이 많이 틀어지게 되는데, 그것이 옳다고 맹신하는 분들도 많습니다. 저는 청대 이후의 내용들은 조금 경계해서 보는 편입니다. 될 수 있으면 오래된 고서를 가지고 답을 찾아보면 도움이 되지 않겠나 하는 생각을 해봅니다. 제가 공부를 시작하던 초기에 억부 중심의 이론이 주종을 이뤘고, 용신을 잡는 것을 가장 중요하게 여겼던 세월이 있었습니다. 그렇게 공부한 분들이 대부분이었기 때문에 새로운 시각을 가져가는 것이 굉장히 힘들었지요.

　그런데 요즘은 이론적 접근이 수월한 유튜브 시대이니, 이론적 배경을 많이 배울 수 있는 여건이 되어서 공부를 좀 더 다양하게 할 수 있게 되었습니다. 그런데 유튜브로 공부를 하면 문제가 있어요. 온갖 것들을 알게 되니 정리가 안 된다는 어려움이 있지요. 고전 공부도 너무 많은 책이 있으니 전부 다 이해하려고 하지 말고 도구로 삼아 편안하게 보면 될 것 같습니다.

제이선생님 선생님. 선생님께서는 〈진평명리〉 유튜브 활동을 계속하고 계십니다. 예전에 실시간 방송을 한참 재미있게 하셨던 것으로 알고 있습니다. 어느 날 실시간 방송을 중단하시더니만, 또 업로드를 한참 안 하시더라고요. 또 하실 때는 한꺼번에 여러 영상을 올려 주시고 그러시는데, 앞으로 유튜브 활동을 어떻게 해 나가겠다는 계획이 있으신가요?

지금 구독자 삼천 명을 앞에 두고, 만 명 구독자의 하루 한 장 선생님께 조언을 좀 받아야 하나 생각하고 있기도 합니다. 저 혼자 수업한 영상을 주로 올립니다. 따로 녹화하면 좋긴 한데, 그렇게 하려 하니 혼자 북 치고 장구 치는 것 같은 느낌이 들었습니다. 시간도 많이 안 나고, 유튜브가 주 업종도 아니지요. 매진하기가 어려운 여건입니다. 수업을 많이 하니까 시간이 많이 나지 않습니다. 띄엄띄엄 유튜브를 관리하게 되는데, 이제 팬층이 조금 있어서 기다리시니 끊어지지 않도록 노력해 보겠습니다.

제이선생님 선생님의 사행도 이론은 중급자 이상 분들에게는 도움이 많이 될 텐데, 기초하시는 분들은 조금 어려운 부분도 있을 것 같아요.

그렇지요. 안 그래도 제 강의가 어렵다는 이야기를 많이 듣습니다. 물론 여기 현장에서는 기초를 가르치고 있습니다만, 아무래도 초심자가 공부하기에 유튜브는 어려움이 있겠지요. 체계적으로 정리해 나가는 것이 필요하지요. 우리 하루 한 장 선생님처럼 순서대로 탁탁 정리하면서 하면 좋은데, 그것이 현장 강의에서는 가능하지만 유튜브에 그런 식으로 올리기는 쉽지 않습니다. 그런데 하루 한 장 선생님은 어떻게 유튜브에서 공부 체계를 가지고 그렇게 잘하십니까? 난 그게 좀 배우고 싶은데요.

제이선생님 아. 제가 정인(正印)하고 상관(傷官)밖에 없는 사람이잖아요.

직업적으로, 교육하는 직업이 되어서 그러신가 봅니다.

제이선생님 제가 24년 동안 학교에 있으니까요. 제가 잘하는 게 아니고, 아마 학교에 계시는 선생님들은 누구나 이 정도는 하실 겁니다. 개인적 사정으로 휴직을 한 시기가 있었는데, 답답함을 해소하는 방편으로 재미 삼아 유튜브를 시작하게 되었습니다. 사실 제가 명리 공부를 시작할 때 기초를 쌓아 나가기에 많은 시간이 필요했습니다. 체계가 없는 공부니까, 기초 단계를 체계적으로 끌어 주면 참 좋겠다는 생각에서 시작하게 된 거죠.

선생님은 처음 공부할 때는 어떻게 시작하게 되셨는지요?

제이선생님 처음 공부요? 온갖 책을 다 샀지요. 요것 좀 보고 저것 좀 보고. 그렇게 했었습니다. 그렇게 해서 조금 이해되고 나서, 유튜브에 있는 여러 선생님 강의를 접하게 되었습니다. 개인적으로 찾아가서 공부하기도 하고, 온라인 유료 강의를 주로 들었습니다. 원광디지털대학교에 편입하여 공부를 이어 나간 것도 있습니다.

요즘은 유튜브에서 이 공부를 접하는 경우들이 상당히 많은 것 같습니다. 예전에는 서점에서 책을 사서 보기 시작하면서 하게 되는데, 요즘은 그냥 유튜브로 쉽게 접근하는 것 같아요. 유튜브로 명리 공부를 시작하는 분들이 상당히 많은 것 같아요.

제이선생님 네. 보통 이 공부를 혼자 많이 시작하잖아요. 혼자 하는 공부에 대해서 선생님께서는 어떻게 생각하실까요?

혼자 하는 공부에 대한 영상도 몇 개 올려 놓고 이야기한 적이 있습니다. 보통 이 공부를 시작한다고 이야기하면 주변 시선이 일단은 이상합니다. 네가 평소 이상하더니만, 드디어 이상한 공부를 시작하게 되었구나, 드디어 굿을 하게 되었구나, 귀신에 씌었구나 등등. 명리학이 가지는 입지가 사실 아직 그렇습니다.

학교라는 제도권에 들어가서 석박사도 배출하고, 정규 4년제 과정이 형성되어 공부하는 문이 많이 넓어져 다행이기는 합니다. 그래도 아직 학문의 영역으로 인식하는 부분이 쉽지 않은 것이 사실이지요. 현실이 그렇다 보니, 대부분 처음 이 공부를 시작할 때 그 접근이 조금 어렵습니다. 어렵기도 하고 어떻게 해야 할지 모르는 경우도 많지요. 또 알았다 하더라도 같이 공부할 수 있는 여건이 조성되기 어렵지요. 주변 친구들에게 같이 하자고 해도 같이 해 주지는 않잖아요.

혼자서 시작하게 되는데, 이런 분들이 가장 크게 범하는 오류가 이 공부를 큰 틀 안에서 다져 나가지 못한다는 것이지요. 순서뿐 아니라 어떤 것을 중요하게 다루고 중요하지 않게 다루어야 하는지 정리하기가 어렵습니다. 그러다 보면 자기가 좋아하는 것, 쉬운 것만 하려고 합니다. 예를 들면, 십이운성 같은 것은 어려우니 멀리하게 됩니다. 안 해도 사주는 보게 되니 그냥 하게 되지요.

쉬운 것만 공부하게 되면, 오행만 가지고 보겠다거나 혹은 십신만 가지고 보겠다는 식으로 되어 버릴 수 있습니다. 사실 제일 쉬운 것이 십신만 가지고 사주를 보는 것이지요. 왜냐하면 그건 좀 명쾌하거든요. 사주를 보면 나는 일간, 남자는 무엇, 여자는 무엇, 이런 식으로 상호관계가 워낙 뚜렷하니 그런 것만 가지고 계속 공부를 하게 되지요. 그렇게 공부하는 것이 나쁘다는 것은 아닙니다. 이해도를 높여 가는 과정이니 나쁜 것은 아니나, 그 상호관계의 논리적 배경을 알아야 합니다. 어떻게 연결되어 있고 또 어떻게 연결해서 쓰이는지가 정리되어야 하는 부분이 있습니다. 혼자 공부를 하게 되면 명리 공부의 선후와 높낮이, 중요도에 대한 이해 체계를 가지기가 어렵습니다. 그래서 혼자 공부할 때는 전체적 맥락에 대한 이해를 항상 놓치지 않으려는 노력이 필요합니다.

또 도반들 친구들을 만들어서 함께 하면 좋습니다. 그런데 그것이 유튜브만으로는 어렵지요. 소통하는 것이 좀 적으니까요. 유튜브는 일방향 강의가 많은 편이고, 그냥 자기 공부를 혼자 해나가야 하니까요. 그래서 공부하는 모임이라든지, 뜻이 맞는 사람과 소통하는 것으로 공부를 교류하면서 해나가는 방식이 좋다고 생각합니다. 그런 학습 방법들을 찾아보는 것이 혼자 공부하실 때 도움이 되지 않겠나 생각해 봅니다.

제이선생님 네, 알겠습니다. 아주 오랜 세월 동안 공부를 놓지 않고 지금 이렇게 몇십년이 흘렀는데요, 선생님께서 생각하는 명리 공부의 매력은 무엇일까요?

놓지 못한다는 것이 큰 매력이지요.

| 제이선생님 그건 매력입니까? 마력입니까?(웃음)

매력과 마력의 중간 정도가 될 텐데. 이 공부를 시작하게 되면 많은 사람이 공부를 놓지 못하는 현상이 생깁니다. 왜 그럴까를 가만 생각해 보면, 결국은 자신을 알아가는 과정을 겪기 때문인 것 같습니다. 자신을 알아간다는 것이 착한 사람이 된다든지 하는 이야기는 아닙니다. **내가 어떤 식으로 내 운명의 길을 가고 있느냐에 대한 것을 이해하는 것이죠. 그리고 주변 사람들 관계도 이해할 수 있다는 것이 큰 장점이 되지요.** 공부를 하면 할수록 그런 것들이 깨우쳐지는 매력이 있는 것 같아요. 그런 것 때문에 공부를 놓지 못하는 것 같아요. **어찌 보면 사소하지만 깨달음이겠죠. 자기 깨달음이겠죠.** 사소한 자기 깨달음으로 인해 스스로에 대한 만족이 생기지요. 공부도 보면 깨우침이 생기면 순간순간의 즐거움이 크기 때문에 그런 것이 큰 매력인 것 같아요.

하나의 주제로, 글자만 가지고도 무언가를 함께 깨우치고 알아간다는 것이 굉장한 매력이기 때문에 소통하는 공부를 중요하게 생각합니다. 같이 공감하며 알아가는 재미가 상당히 좋습니다. 저도 혼자 공부하면서 깨우치고 공부에 대한 것을 키우기도 하지만, 이렇게 같이 공부하고 전해 드리면서 배우는 것들이 크다고 생각하거든요. 가르치는 가운데 배워 나간다고 생각합니다. 즐거운 명리 공부 해나가시기를 기원합니다.

인터뷰를 마치고

선생님과의 인터뷰는 모든 인터뷰를 통틀어 가장 힘들었던 기억이 있습니다. 감기 기운이 심하게 있었던 이유도 있었고, 조심스럽고 어려운 마음이 들어 실수를 많이 했습니다. 선생님께서 편안하게 이야기를 이어 주셔서 감사한 시간이었습니다.

사행도는 고서를 바탕으로 한 이론이므로 흥미 있는 주제에 화려한 설명이 덧붙지는 않습니다. 기본에 충실하면서 현대인의 이해를 이끌 수 있다는 점에서 신고전(新古典) 혹은 New classic이라 지칭하고 싶습니다. 이런 사행도를 바탕으로 선생님이 내어주신 숙제를 해나가고, 제시하는 고서들을 읽으면서 공부를 많이 다졌습니다.

미술을 전공한 선생님은 수업과 관련 있는 그림이나 만화를 칠판에 뚝딱 그려 내시고는 합니다. 그러면 함께 공부하는 분들이 배꼽을 잡고 웃기도 합니다. 때로는 이렇게 편하게 대해 주시지만, 또 때로는 매우 어려운 분이라 늘 조심스러운 마음이 들었습니다.

진평 선생님의 사행도를 공부하면서 명리 지식과 논리를 도식화하고 표준화하는 것이 가능할 수 있겠다는 생각을 가지게 되었습니다. **음양과 오행의 기본 논리는 다양한 사주 명리 고서에서도 다루고 있습니다. 그럼에도 그러한 논리가 우리 눈에 잘 들어오지 않았던 이유는 고서(古書)의 텍스트를 좁게 이해하고, 단편적 지식만을 채택했기 때문이지 않았나 하는 생각을 해보게 됩니다.** 학문은 옛것에 근거하고 현 시대를 반영하며 다음으로 나아갑니다. 끊임없이 낳고 낳는 생생(生生) 덕(德)을 명리 공부에서도 엿볼 수 있었던 감사한 시간이었습니다.

평생 한 가지에 몰두한다는 것

백민 양종

개인마다 주어진 상황에서 무엇이 중요한가가 달라집니다. 행복도 마찬가지입니다. 그러므로 명리도 너무 고정된 틀 안에서 짜 맞추듯이 하면서 얽매이지 않기를 바랍니다.

인터뷰에 들어가며

명리 교육과 함께한 삶

명리학 공부를 시작한 지 2년 정도 되었을 때, 스스로의 공부에 대해 의문이 들기 시작했습니다. 공부가 양적으로 확대되어 방대해지기는 하였지만, 핵심 맥락을 이야기하는 부분에서 부족함을 인지했습니다. 그 무렵까지만 해도 '십이운성'과 '십이신살'에 대한 공부는 전혀 손을 대지 않았습니다.

내가 왜 십이운성과 십이신살과 같은 이론을 배척하는가를 고민해 보니, 주변의 영향 이외에 딱히 그 답을 찾기 어려웠습니다. 나 역시 십이운성과 십이신살과 같은 이론을 사용하지 않을 수도 있을 테지만, 그러한 결정은 스스로 내려야 하는 것이 맞겠다고 생각했습니다.

어떤 것에 대해 깊이 탐구하여 알아보지 않고 그것에 대해 판단하는 것은 잘못된 것이 아닌가 하는 생각이 들었습니다. 십이운성과 십이신살을 정확하게 공부한 이후에 이 이론들을 나 스스로 평가해 보아야겠다는 생각에서 동영상 강의를 검색해 보았습니다. 음간과 양간을 같이 보며 설명하는 선생님, 스스로 새로운 이론을 만든 선생님 등 십이운성에 대한 설명은 다양했습니다. 대부분 강의를 거의 온라인으로 수강하면서 예로부터 전해진 것의 틀을 정확하게 공부해야 한다고 생각하게 되었습니다. 그때 '백민역학연구원'이라는 온라인 동영상 강의 사이트를 찾아내게 되었고, 십이운성과 십이신살 강의를 들었습니다. 나는 그 강의를 수강한 기간을 선생님과 인연의 일방적 소통 시기라 생각해 봅니다.

선생님 강의는 철두철미합니다. 깔끔한 판서와 기승전결이 나누어지는 수업의 흐름에 전직 교사이신가 하는 생각을 해보았습니다. 십이운성, 십이신살 강의를 다 듣고 나서는 이 이론들이 더 궁금해지기 시작했습니다. 그 공부를 시작으로 십이운성에 대하여 깊이 궁리하고, 다양한 고서를 바탕으로 공부를 이어 나가고 있습니다.

원광디지털대학교 신정원 교수님의 〈현대 명리학 탐방〉 수업에 청화 박종덕 선생님과 창광 김성태 선생님이 나오신 것은 그다지 놀랍지 않았습니다. '남청화 북창광'이라는 말을 익히 들어 알고 있었으니까요. 그런데 우리나라 세 분의 명사로 백민 선생님이 소개되는 것 아니겠습니까. 그때 매우 놀랐습니다. '백민역학연구원' 동영상 강의방에서 나에게 수업을 전해 주던 선생님께서 대한민국 현대 명리에서 빼놓을 수 없을 만큼 중요한 역할을 하신 분이라는 사실을 알고 놀라지 않을 수 없었습니다.

여러 선생님들께서 인터뷰를 허락해 주시는 과정에서 자신감이 생겼는지, 백민 선생님께 바로 인터뷰를 부탁드리는 전화를 해야겠다는 생각을 해보았습니다. 하지만 선생님께서 사주를 어떤 방식으로 대하고, 풀이를 하는지가 궁금해져서 인터뷰를 청하기 전에 전화 상담부터 예약하였습니다.

전화 상담은 강의가 되었습니다. 격에 대하여 질문을 드리고 답을 듣는 과정에서 잠깐이었지만 '용신'에 대한 또다른 이해가 있었습니다. 선생님을 꼭 뵙고 이야기를 나누고 싶다는 마음이 굴뚝같았습니다. 전화 상담을 마칠 무렵, 유튜브 채널에서의 인터뷰를 요청드렸더니 흔쾌히 수락하셨습니다.

다만, 암으로 투병 중이니 당장 만나기는 힘들고 시간을 잘 조정해 보자고 하셨습니다. 암과 싸우고 이겨 내는 과정이라는 이야기를 듣고, 괜히 내가 선생님을 힘들게 해드리는 건 아닌지 걱정스러워졌습니다. 죄송스러운 마음이 전해진 걸까요. 선생님께서는 다시 활동하고 소통을 시작하고 싶은 마음이 크기에 인터뷰가 기쁘다고, 제 마음을 편하게 해 주셨습니다.

선생님과 뵙게 되기까지 꽤 긴 시간이 필요했습니다. 중간에 선생님 건강이 나빠지셔서 일정이 미뤄지기도 하였습니다.

인터뷰 당일 건강한 모습으로 등장하시는 선생님을 뵙고 다행이라는 마음이 들었지만, 일면 죄송한 마음이 들었습니다. 사람이 살아가며 일생토록 하나의 일을 한다는 것은 사랑이 전제

되지 않으면 힘든 일일 것입니다. 이야기를 나누는 내도록, 한 평생 이 공부에 대한 사랑을 놓지 않고 후학 양성에 노력을 다하신 모습에 깊은 울림이 전해졌습니다. 건강이 완전히 회복되지 않았음에도 불구하고 멋진 모습으로 등장해서 하나라도 더 전해 주려 말씀하시는 모습에 존경하는 마음이 저절로 일어나는 시간이었습니다.

배우고 전달하는 기쁨

제이선생님 선생님 반갑습니다. 먼저 선생님 약력을 소개해 보겠습니다. 선생님께서는 교육대학을 나오신 것으로 알고 있습니다. 그리고 동국대학교에서 철학박사 학위를 받으셨습니다. 1997년 동국대학교 사회교육원에 역학 과목을 개설하면서 한국 최초로 제도권 교육에서 역학 강의를 시작하셨다고 제가 알고 있습니다. 대단하신 분을 뵙게 되어 영광입니다. 백민역학연구원 이사장이시고, 경기대, 동국대 사회교육원, 대불대, 서울 사회복지대학원대학교 등에서 학생들을 지도해 오셨습니다. 제가 알기로는 2022년까지 서경대학교에서 강의하신 것으로 알고 있습니다.

교육대학은 졸업을 못 했어요. 2년 다니고 수료는 했는데, 아쉽지만 제적당했어요. 졸업했다면 인생이 바뀌었을지도 모르지요. 저는 역학을 공부하고, 강의하고, 상담하는 일을 해왔습니다. 강의를 한 세월은 40년이 넘었네요. 제도권 안에서 공부하고, 강의를 시작한 것이 가장 의미 있다고 봐야겠지요. 동국대학교에서 강의하기 전에는 개인적인 강의를 주로 하였습니다. 사단법인 한국역술인협회의 관인 '동양역리학원'이라는 곳에서도 강의했습니다.

예전에는 관인학원이 있었어요. 《사주첩경》을 쓰신 이석영 선생님이 운영하시던 '한일역리학원'이라는 것도 있었어요. 남영동, 청파동 그쪽 근처에 있었던 시절입니다. 관인학원이기 때문에 그래도 그나마 인정받던 시절이 있었습니다. 1992년도에 제가 그 학원에서 강의하기도 했어요. 1992년도가 공적인 강의로는 처음이었어요.

제이선생님 긴 세월 강의하는 삶을 사셨네요. 인터뷰 시작 전에 선생님께서 주신 자료를 가볍게 보았는데요, '진리라도 신비나 상술과 야합하면 미신이 된다' 이런 말이 적혀 있더라고요. 명리 공부가 신비, 상술과 야합하면 미신이 됩니다. 이 분야를 '학문'이라고 이야기하는 사람들의 저변이 이렇게나 늘어나는 데에는 선생님께서 상당한 공헌을 하신 것 같다, 이런 생각이 듭니다.

과찬이세요. 조금 의미를 둔다면, 제가 처음 공부 시작하고 또 강의하던 시절까지만 해도 음지에 있었다고나 할까요? 그런데 이제 음지에서 양지로 많이 올라왔지요. 제도권에서도 강의하고, 학위도 받을 수 있으니까요. 음지에서 양지로 살짝 끌어내는 역할? 그 정도로 제 역할을 보면 좋겠다는 생각입니다.

제이선생님 아직 가야 할 길이 멀지만, 많은 부분 양지로 올라온 것 같습니다. 그런데 선생님께서는 이 공부랑 어떻게 인연이 닿으셨을까요?

그 이야기를 하면 좀 가슴이 짠하기도 하지만, 이제는 말할 수 있지요. 앞서 소개해 주신 대로 저는 원래 교육대학으로 진학했습니다. 교육대학으로 진학한 이유는 교육에 대한 어떤 꿈이 있었다는 것과 병역 문제가 해결된다는 점이 있었어요. 집안 사정이 어려웠어요. 그래서 직장과 병역을 해결할 수 있는 교육대학이 좋았지요. 어렵게 대학 생활을 했어요. 그런데 하라는 공부는 안 하고 운동을 했지요.

제이선생님 운동? 아, 학생 운동을 하셨군요.

네. 그러다 보니, 2년 공부를 다 마치고 제적당했어요. 그 당시는 제적당하면 일주일 내로 군대 입영 영장이 나와요. 그래서 끌려가다시피 군대에 가게 되었습니다. 박정희 대통령 시절이었지요. 3년 군대 생활을 다 채우고 만기 전역하고 나와서 보니, 복학도 안 되고요. 취직도 안 되더라고요. 당시에는 정말 아무것도 할 일이 없었던 시절이었어요. 그래서 고시 공부한답시고 전북 김제 금산사 뒷산 모악산에 있는 작은 암자에 들어갔습니다. 그곳에서 이 계통의 공부를 접하게 되었지요. 그렇게 시작했지요.

> **제이선생님** 그렇게 이 공부와 인연을 맺으셨네요. 그런데 제가 선생님 동영상 강의를 많이 들었는데요, 들으면서 보니 커리큘럼이나 수업하고 판서하는 방식들이 교육학을 공부하신 분이구나 하는 생각이 들었습니다. 교대 수료까지 하셨다지만, 결국에 공부는 다 하신 것이니. 교육대학에서의 배움이 교육 방식에 이렇게 다 녹아 들어 있는 것 같습니다.

당연하죠. 제이선생님도 교육계에 종사하시는 걸로 알고 있는데, 교안 다 준비해야 하고, 자료 준비도 해야 하지요. 그다음에 무엇보다도 제가 처음 이 공부를 하면서 매우 아쉽게 느꼈던 것이 체계적인 공부가 어려웠어요. 체계적인 공부라는 것은 기초 과정부터 차근차근 단계를 밟아서, 스텝 바이 스텝으로 공부하는 것인데. 지금도 마찬가지겠습니다만, '백일 완성'이나 '몇 달 안에 비법 전수'와 같은 식으로 공부하다 보니, 기본적인 이론의 기초가 안 되지요.

저 같은 경우는 처음 강의를 시작할 때부터 체계적인 강의를 하자고 계획을 세웠습니다. 음양, 오행, 간지. 그다음에 오행의 변화인 상생상극, 그다음에 간지의 변화인 합과 형, 충. 그다음에 사주를 작성하는 법. 요즘은 만세력 앱이 있어서 그냥 툭툭

치면 도출되지만, 당시에는 만세력을 찾아가면서 공부했습니다. 그리고 절기라는 것이 아주 중요하죠. 그래서 절기에 관한 것, 그다음에 십신, 그다음에 십신의 변화, 그다음에 신살, 격국, 조후 이런 식으로 순서대로 나가야 합니다.

사주를 대충 뽑아 놓고, 풀려고 합니다. 통변부터 하려고 하다 보니까 공부가 안 되는 것입니다. 그래서 저의 강의 방식은 40년 전이나 지금이나 기초부터 하는 것을 원칙으로 합니다. 이러한 교육 방식이 아무래도 제가 예전에 학교 때 배운 것과 연결되어 있겠지요.

제이선생님 선생님께서는 교육대학에서 제적당한 일이 선생님 개인으로는 힘든 시기였다고 말씀하셨지만, 명리학이 이렇게 제도권으로 나오고 학문으로 발전할 수 있는 발판을 마련해 주셨다는 맥락에서 보았을 때는 너무 감사한 일입니다. 선생님의 교육대학에서의 배움이 명리 교육의 철학으로 연결되어서, 많은 후학을 길러 내셨던 게 아닌가 하는 생각을 하게 됩니다.

과찬이세요. 다른 데서 공부를 많이 했어도 뭔가 체계가 엉켜서 꿰지를 못했는데, 하나씩 차근차근 꿰어진다는 말씀은 많이 들었어요. 또 '백민 선생님과 공부한 분들은 교육 방향, 교수 쪽 가르치는 쪽에 많은 것 같다'는 이야기도 많이 듣습니다. 그

선생의 그 제자, 그 코치에 그 선수 아니겠냐고 농담하고는 합니다.

제이선생님 정말 감사한 일입니다. 그런데, 선생님 요즈음 몸이 좀 안 좋으시죠. 제가 너무 뜬금없이 이야기를 꺼내는 건 아닌지 모르겠습니다.

제가 암 투병 중입니다. 그래서 컨디션에 따라서 많이 달라져요. 그런데 저는 아프다가도 강의를 시작하면 나아요. 이게 무속인들이 굿할 때 기분 아닌가, 신명 나는 것처럼. 그래서 저는 천생 타고 나기를 선생님이구나, 강의하며 살아야 하는구나, 하는 생각을 합니다. 요즘 몸이 안 좋습니다만 며칠 전, 유튜브 라이브 방송을 한번 연습해 봤습니다. 그런데 만만치 않더라고요. 이럴 때 누가, 어느 선생님이 하나 탁 알려 주고 찍어 주면 빠르게 습득할 수 있을 텐데 하는 생각을 많이 하지요. 이런 생각을 하면, 명리 공부에서 가르치는 사람의 역할도 마찬가지라는 생각을 할 수 있습니다.

제이선생님 네, 앞서 공부한 사람들이 만들어 놓은 길을 보면서 뒤의 사람들이 따라가지요.

모르는 부분을 정확하게 누군가 이야기해 준다면 얼마나 좋겠습니까. 제가 명리 역학을 처음 공부하면서 가장 마음속에서 들려왔던 목소리가 있었습니다. '만약 내가 강의하게 된다면, 나는 이렇게 하고 싶다'였어요. 배우는 시기에 선생님의 강의를 들으면서 이 부분에는 이런 표현을 하면 얼마나 좋을까, 여기에 이 설명을 덧붙이면 어떨까. 이런 생각을 항상 했지요.

제이선생님 저도 공부할 때 늘 그런 마음입니다. 이건 이렇게 가르치면 좋을 텐데, 이건 이런 자료를 덧붙이면 좋을 텐데, 이런 식이지요.

천생 선생님들은 그런가 봅니다. 그게 선생님들 스타일이지요. 그래야 더 나은 강의가 되지요. 그러다 보니까, 제가 강의하면서 제자들에게 강조하는 게 있어요. 내가 강의한 대로 가르친 대로 그대로 머물러서는 안 된다, 스스로 자기의 경험이나 봤던 책들 미디어를 통해 알게 된 내용들을 첨가해야 발전한다고 이야기하지요. 그런 자세가 중요하지요.

제이선생님 공감 가는 말씀 너무 감사합니다. 건강이 빨리 더 좋아지셔서 강의 활발하게 하시면 좋겠습니다.

그런데 또 이렇게 인터뷰하다 보니까, 지금 더 살아나는 것 같아서 좋습니다. 이게 하다 보면, 이렇게 살아납니다. 좀 신명이 나야죠. 공부든 뭐든. 자기가 좋아하는 일을 하면 시간 가는 줄을 모릅니다. 아무튼 고맙습니다.

제이선생님 선생님 그런데 '국제역학대회'라는 것이 있던데요. 저는 역학의 영역에서 국제적으로 이렇게 큰 무대가 있다는 것에 대해 전혀 몰랐습니다. 이 대회가 어떤 대회인지 들어 보고 싶습니다.

제가 이 공부를 하고 '사단법인한국역리학회' 또 '사단법인한국역술인협회'라는 단체가 있다는 것을 알았습니다. 저를 잘 아는 선배님께서 가입을 권유하시더라고요. 그러면서 그 당시의 전설 같은 선생님들을 소개해 주셨어요. 그 덕분에 많은 덕을 봤죠.

당시 초대 회장님이 청오(靑奧) 지창룡 회장님이셨어요. 그분이 1984년도에 한국, 일본, 대만의 역술인들과 모여 교류를 약속하셨지요. **논문도 발표하고 친목도 도모하자고 시작한 것이 국제역학대회입니다. 1984년도에 시작했으니 40년이 되었지요. 우리나라가 종주 국가예요.** 저는 종주국으로서의 자부심에 대해 당당하게 이야기합니다.

우리나라에서 개최할 때 외국에서 백 명 이상 참가했는데 초청 방식으로 했어요. 숙박비부터 모든 비용을 제공해 줬어요. 엄청난 비용이 들었죠. 정부 지원은 없었고요. 역술인들이 십시일반으로 돈을 모아서 그 많은 사람을 호텔에 묵게 했지요. 이런 식으로 돌아가면서 순차적으로 했어요. 저는 1988년도부터 참석을 한 거죠.

그 다음해인 1989년도에는 일본에서 했어요. 일본 '고도역단'이 주최해서 일본 시즈오카시(靜岡市)에서 열렸지요. 한국 대표로 제가 참석했지요. 다음에 대만, 싱가포르 이런 식으로 나라마다 돌아가며 주최를 맡았지요. 교육계통이나 학계에 있는 선생님들도 계시기는 했지만 주로 참가하는 분들이 현업을 하시는 분들이었지요. 매년 돌아가면서 나라별로 개최하고 교류하며 학문을 나누었지요. 상담 내용을 기술한 것도 많았지만 아주 훌륭한 논문들도 많습니다.

이렇게 이어지던 것이 근래 3년 동안은 코로나 때문에 개최되지 못했지요. 34회까지 개최했습니다. 지금은 대만 분이 의장을 하시고 제가 사무총장 격으로 되어 있습니다. 2024년 하반기에 말레이시아에서 개최될 예정입니다.

대만과의 관계 때문에 중국은 처음부터 함께하지는 않았고, 2000년대 들어 참가했어요. 중국 측에서 대표단도 많이 옵니다. 연변지역 학회 같은 경우는 우리 조선족들이 많습니다. 중국은 워낙 인구도 많고 땅이 넓으니, 학회가 많아요.

제이선생님 우리나라 같은 경우 여러 선생님의 노력으로 명리학이 양지로 많이 드러났다고 봅니다. 물론 여기에 관심 없는 사람들은 그게 어떻게 학문이냐며 좋지 않게 치부하는 사람들도 많이 있기는 하지만요. 그런데 중국이나 대만, 일본에서 명리학을 바라보는 시선은 어떤지 궁금합니다.

일본에는 현재 학위 과정이 없어요. 학사, 석사, 박사의 학위 과정이 있는 것은 우리나라가 유일합니다. 대만에도 없고요. 일반대학에서 풍수 등은 할 수 있지만요. 중국은 더욱이 그런 부분이 어렵지요. 그래서 일본 선생님들은 호기심을 가지고 또 부러워하시기도 합니다.

중국의 경우는 사회주의 국가이다 보니 출판을 자유롭게 하지 못하는 상황입니다. 물론 상담은 마음껏 하지요. 제가 볼 때 중국 역학계는 우리나라 10년 전, 20년 전 상황을 보는 것 같아요. 행사, 자격증 위주이지요.

대만에는 명리학이 상당히 발전되어 있어요. 물론 우리나라와 같은 교육과정은 없습니다. 우리나라는 광복 이후 대만 책과 홍콩 책을 많이 가져와 공부했지요. 대만은 상당히 많이 발전되어 있어요. 그런데 가장 활성화된 것은 우리나라입니다. 명리학 쪽은 말할 것도 없고, 다른 술수의 영역도 말입니다.

제이선생님 제가 볼 때, 80년대를 지나 90년대 하이텔역학동호회뿐 아니라 여러 루트를 통해서 역량이 뛰어난 분들이 이 공부에 많이 참여하신 것 같습니다. 그러면서 이 공부를 상당한 애착으로 끌어 주신 것 같습니다.

그런 것들이 대중화될 수 있는 시발점이 되었지요. 통신 기술 발달과 더불어, 그 당시 젊은 분들이 활동할 수 있는 무대가 마련되었지요. 이것이 대중적으로 보급되는 데 있어 하나의 분명한 계기가 되었다, 저는 그렇게 생각합니다.

정보화 시대 전후의 명리학

제이선생님 이야기 나누는 중 '하이텔역학동호회'에 관한 이야기가 계속 나오고 있습니다. 정보화 시대를 기점으로 그 이전의 명리 교육은 1대 1로 스승님 모시고 공부하는 도제식 교육이었다면, 그 이후의 교육은 또 상당히 다르게 전개되었습니다. 선생님께서는 그런 두 시절을 모두 경험한 분이십니다. 정보화 시대 이전과 이후의 명리 교육의 차이점과 그렇게 흘러온 우리나라 근현대 명리학의 흐름에 관한 이야기를 들어 보고 싶습니다.

정보화 시대 이전과 이후는 상상 못 할 정도로 많은 차이가 있지요. 제가 처음 공부 시작할 때는 자료가 너무 부족했습니다. 70년대 말에 제가 공부를 시작했으니까요. 서점에 가면 명리학 계통 책은 몇 권 손으로 꼽을 정도밖에 없었지요. 출판사도 '명문당', '동양서적' 이렇게 두어 군데 정도 있었습니다. 그정도로 책이 없었지요. 대만 서적을 번역하거나 편집해서 나온 책이 대부분이었습니다.

그 무렵 자강 이석영 선생님께서 한일역리학원을 운영하시면서 교재로 쓰셨던 《사주첩경》이라는 책이 있었지요. 그 책은 지방에서는 구할 수가 없었어요. 복사기도 많지 않던 시절이지요. 무슨 보물처럼 가지고 있는 분이 계셔서 필사라도 하고 싶다고 보여달라고 하면, 잘 보여주지도 않던 시절이 있었어요. 공부는 하고 싶은데 아쉬웠던 시절이지요. 당시는 그만큼 정보와 자료가 부족했던 시절이라고 보시면 돼요.

제이선생님 90년대 이전, 그렇게 자료가 없던 시절에는 명리학이 더 신비롭게 보였겠네요.

그럴 수도 있죠. 정보화 시대 이전에 그런 분위기에서도 이 학문을 음지에서 양지로 내놓으려 시도했던 분들이 있으십니다. 자강 이석영 선생님이시지요. 관인학원을 운영하셨지요. 당시에는 지역 간 이동도 지금같이 활발하지 않던 시절입니다. 그러다 보니 각 지역에 따른 학파가 형성되었지요. 서울 쪽은 앞서 말씀드린 대로 자강 이석영 선생님의 사주첩경파가 있었지요.

이석영 선생님이 쓰신 《사주첩경》이 제가 공부할 때는 7권으로 되어 있었어요. 지금은 6권으로 정리되어 있지요. 완성을 못하고 돌아가셨지요. 이석영 선생님은 신살, 격국, 용신도 이야기하셨지만, 억부 즉 신강 신약을 중점에 두시고 강의하셨지요. 그분 제자들이 서울, 경기, 인천 쪽 수도권에 많이 있었어요.

그런가 하면 대전 쪽에는 도계 박재완 선생님이 계셨습니다. 그분이 책을 집필해서 내놓은 것이 《명리요강》《명리사전》이지요. 박재완 선생님께서는 조후를 상당히 중요하게 여겼습니다. 선생님마다 집중적으로 연구하신 부분이 있지요. 그러다 보니 충청권이나 호남권의 명리학은 박재완 선생님의 영향이 많았습니다. 박재완 선생님은 강원도 쪽에서 활동하신 적이 있어서 강원권도 이 선생님의 영향을 받았지요.

지금처럼 인터넷이나 통신이 발달하지 않았던 시절이고 책도 없어서 필사본이 돌던 시절이었습니다. 그런 상황이니 명망 있는 선생님을 중심으로 그 학문이 퍼져나갔지요. 지금처럼 세계 곳곳의 지식과 정보를 다 얻을 수 있는 시대가 아니었지요. 아마 젊은 분들은 이해하기 어려우실 것 같습니다.

그 당시 대구, 경북, 부산과 같은 영남권은 역술이 상당히 발전해 있었습니다. 한국 역학계 주류 유명 인사로 자강 이석영 선생님, 도계 박재완 선생님 그리고 박도사라 불리었던 제산 박제현 선생님이 계십니다. 부산에 박제현 선생님이 계셨고, 대구에는 《사주감정법비결집》이라는 책을 내신 신육천 선생님이 계셨습니다. 신육천 선생님은 격국을 아주 중요하게 생각하셨지요. 제산 박제현 선생님의 관법은 상당히 독특합니다. 물상을 이야기하시기도 했지요. 명망 있는 선생님이 계시는 지역에 따라 학맥, 학풍, 관법이 형성되는 분위기. 이런 것이 정보화 시기 이전의 분위기였지요.

제이선생님 내가 보고 들은 것이 아는 것의 전부인 시절이었겠습니다.

사람이 직접 오가지 않는 이상에는 교류가 크게 되지 않았기 때문에 학문적 교류가 쉽지 않았지요. 정보를 주고받을 방법도 별로 없었고요. 그래서 서울 경기 수도권은 억부 중심으로, 충청권 호남권은 조후 중심으로 발전되어 있었지요. 영남권은 격국을 비롯한 물상 중심으로 발전했지요. 꼭 그것만으로 본다는 것이 아니라 그런 것들을 중요하게 다루었다고 저는 생각합니다. 그런데 이 도제식 교육이라고 하는 것이 장단점이 있습니다.

저도 도제식 교육부터 시작했지요. 그런데 저를 가르치시던 선생님이 무리한 사금을 저에게 요구하셨어요. 백만 원을 요구하셨는데, 빚내다시피 해서 갔습니다. 막상 가보니, 공부하는 스타일이나 이런 것이 저와 맞지 않았어요. 공부보다는 내담자를 홀리는 법 같은 것을 가르쳐 주시더라고요. 그 선생님은 손님이 많고 돈도 잘 벌었어요. 되돌릴 수도 없고. 속으로는 부글부글 끓는데도 불구하고 그 선생님 밑에 조금 있었습니다. 그때 제가 크게 배운 점이 있었습니다.

뭘 배웠냐면, 내가 만약 선생이 된다면 당신같이는 하지 않겠다예요. 왜냐하면 이 공부 시작할 때 제가 형편이 어려웠잖아요. 취직도 못 하고, 공부도 뜻대로 안 되었고, 건강도 안 좋아진 상태였어요. 돈벌이도 없는데 빚을 얻다시피 해서 들어갔는데, 그런 경험을 하게 되니 오기가 생겼습니다. 절대 나는 나에게 공부를 청하는 사람들에게 이런 짓은 하지 않겠다는 마음을 먹었지요.

| 제이선생님 좌절 가운데 또 배움을 얻으셨군요.

엄청나게 큰 배움이지요. 평생 그 마음을 지키고 살아오고 있지요. 학문적인 것들을 정말 배우고 싶었습니다. 서울에 와서

좋은 선생님들 만나게 되면서 제대로 배움이 시작되었다고 해도 과언이 아니지요. 그때 제산 선생님과 인연이 되었습니다.

그 당시 신촌에서 모임이 있었어요. 지금으로 말하면 스터디 그룹이지요. 제산 선생님께서 부산에 계시다가 올라오시면 그 모임에 항상 오셨어요. 역술인들 모임이니까요. 서울 댁에 오실 때마다 우리 모임에 오셔서 한마디씩 해 주시고 그랬어요. 그때 제가 막내였지요. 흔히 말해 수행비서 역할을 했습니다. 제산 선생님 술이나 담배 심부름을 제가 담당했지요. 그런 잔심부름 할 때가 저에게는 절호의 기회였지요. 궁금했던 것을 그때 물어 볼 수 있었어요. 그 당시 제가 쌍문동에서 사무실을 하고 있었는데, 뜬금없이 찾아오셔서 "원석아 부산 가자." 하시면 함께 가고 그랬지요. 제가 본명이 양원석입니다.

부산에 가면 비행기표 티켓팅을 제가 하고는 했어요. 선생님 본명은 박광태예요. 호는 제산으로 하시고 이름은 박제현으로 많이 불리셨지요. 그렇게 부산에 가시면 수영 집에 머무셨습니다. 그때 태종사라는 절에 친하게 지내는 스님이 계셨습니다. 그 절에 가시면 따라가서 같이 자고 오고 그랬습니다. 포항이나 광양 제철 만들 때도 수행비서처럼 따라다녔지요. 그분 고향이 함양이에요. 함양 집에 명절 쇠러 가시면 따라가서 선생님 시골 동창들 만나는 것도 보고 그랬지요.

| 제이선생님 아주 가깝게 지내셨네요.

그렇지요. 하지만 그분은 따로 제자를 두지 않으셨어요. 도제식 교육 같은 걸 많이 하지 않으셨지요. 그분은 꼭 서사를 두었어요. 나중에 서사 중에서 훌륭한 선생님들이 많이 나오셨지요. 갑산 선생님부터 유명한 분들이 많습니다. 그런데 제산 선생님은 병환이 있으셔서 오래 계시지 못했습니다. 그러다 보니까 그분이 명리나 역학에 대한 저술이 없으세요. 필사본 등은 있지요.

제산 선생님 수업을 보면 요약해서 적어 두시는 것이 있어요. 그런 걸 몰래 복사한 것이 비법처럼 돌아다니기도 하고 그랬지요. 그리고 선생님은 꼭 상담지가 있었어요. 상담할 때 서사가 옆에서 꼭 써 주거든요. 어떻게 풀이하셨는지, 이러한 것들이 정리된 것이 비법이라고 돌아다녔지요. 제가 선생님을 따라다니면서 적어놨던 정리 노트가 비법처럼 되어버려서, 한 권에 몇십만 원에 팔리고 그랬습니다. 지금도 있을 거예요. 거기에 제가 양원석이라는 도장을 찍어 놨어요. (웃음) 제산 선생님 통변 방식으로 상담했던 제 상담지가 또 돌아다니기도 하고 그랬습니다. 80년대 이야기네요.

그렇게 도제식으로 공부하다가, 90년대 이후부터는 완전히 이야기가 달라집니다. 말 그대로 정보화 시대가 된 것이지요.

PC통신 들어가면 정보를 볼 수 있었습니다. 그동안 다들 얼마나 목말라 있었겠습니까. 이제 이런 정보를 전국에서 다 볼 수 있게 된 거지요. 그렇게 해서 시작된 것 중에 대표적인 활동이 90년대 하이텔역학동호회입니다. 그게 정보화 시대로 넘어온 거예요.

제이선생님 정보화 시대에는 장점이 많았을 것 같습니다. 하지만 단점도 있었지요?

그렇지요. 인포데믹 현상이라고 그러죠. 정보의 홍수 속에서는 정보의 진위를 구분하기 어렵지요. 어떤 정보가 맞는 것인지 의심할 수밖에 없는 시대가 됐어요. 어느 분야나 마찬가지겠습니다만 특히 명리학의 경우 선생님들이 새로운 학설이라고 내놓는 것에 대해 모르는 사람들이 접하게 되면 그것이 진짜인 줄 알게 되기도 하지요. 책도 마찬가지예요. 책도 하나의 지식 전달 수단인데, 책은 한번 잘못 쓰게 되면 그것을 공부하는 사람은 또 거기에 각인이 되어 그것이 진리인 것으로 하다 보면 바로 잡을 길이 없어집니다.

제가 책이라고는 지금껏 《명리학개론》 한 권을 내놓았는데, 이 한 권을 쓰고 나서도 항상 불안했어요. 다른 사람들은 체계적으로 되어 있다고 하는데도, 불안해요. 명리학 관련한 책을 읽다 보면 궁금한 점이 생겨서 저자에게 직접 물어보는 경우가 생깁니다. 저자에게 물어보면 저자 자신도 그것이 무슨 말인지 모르는 경우가 많습니다. 자기가 써 놓은 책의 내용을 자신이 몰라요. 어떻게 이럴 수가 있나 싶을 정도이지요. 책을 냈다고 하면, 명리학을 잘 모르는 사람들이 볼 때는 훌륭한 분이라는 생각이 들겠지요. 이렇게 자신을 포장하는 식으로 출판하는 것이 문제입니다. 정보도 마찬가지예요. 요즘 인터넷을 보면 과대 포장한 것들이 많습니다. 진리를 잘못 포장하면 사술이 되어 버리니 그것이 염려되는 것이지요.

제이선생님 네, 조금 배워서 크게 써먹으려는 마음이 문제인 것 같습니다. 이전에 선생님께서 '용신'에 관해 이야기하실 때 제가 매우 흥미 있게 들었습니다. 그 이야기를 좀 했으면 합니다. 선생님께서는 격국 용신은 사회적인 것, 억부 용신은 가정이나 성격적 측면, 조후 용신은 건강과 관련된 것이라는 이야기를 해 주셨습니다. 간단한 설명 부탁드리겠습니다.

명리를 공부하다 보면 가장 많이 말하게 되는 단어가 '용신'이지요. 대부분 용신을 사주의 핵심이라고 생각하시지요. 틀린 말은 아닙니다. 그런데 제가 상담과 강의, 흔히 말하는 강호와 강단을 오고 가며 경험하고 느껴온 바로는 이론과 실제가 많이 다르다는 것이에요. 상담을 오래 하신 분들은 무슨 말인지 아실 것입니다.

이론상으로는 분명히 이때 좋아야 하는데 그렇지 않을 때가 있어요. 실제 상담을 하면서 상당히 딜레마에 빠졌던 여러 경우가 있었습니다. 첫째로는 이 상황을 운이 좋다고 해야 하는지 나쁘다고 해야 하는지 이런 경우가 많거든요. 저도 명리를 처음 공부할 때는 억부와 신강 신약을 중심으로 공부했습니다. 그런데 그렇게 되면 안 풀리는 사주가 너무 많더라는 것입니다. 어느 날 제산 선생님께서는 저에게 '이 멍청한 놈아' 이러시더라고요. **사주를 하나의 이론, 하나의 용신으로 판단하지 말라고 하셨어요. 길이는 자로 재지만, 몸무게는 저울로 잰다고 하셨어요.** 아주 쉬운 말인데 멍해지더라고요. 사주에서도 무엇을 판단하느냐에 따라 관점을 달리 봐야 한다는 사실을 일깨워 주셨지요.

그래서 격국 용신은 사회적 활동 즉 직장, 사업, 진로, 적성, 진학 등을 볼 때 중심으로 봅니다. 가정적인 부분은 억부 용신을 중심으로 보고, 건강이나 궁합을 볼 때는 조후를 중심으로 봅니다. 용신은 하나이고 팔자 내에서 찾아야 한다는 말에 얽매여서는 안 된다고 생각합니다. 제가 사회, 개인, 건강으로 용신을 구분하여 용어를 쓴 것은, 90년대 하이텔역학동호회 수련대회에서 이야기하기 시작했었어요.

제이선생님 저도 선생님께 그 말씀 듣고 굉장히 와 닿는 것이 있었습니다. 인간의 삶이 사회적인 것만이 전부가 아니라는 것이지요. 인간은 수없이 많은 관계 속에서 살아갑니다. 그렇기에 하나의 잣대로만 설명할 수 없다는 생각을 많이 하게 되었습니다.

제가 작년에 투병 생활하면서 병원에 가보니, 전부 암 환자예요. 그분들과 이야기해 보면 세상에서 제일 중요한 것은 건강이라고 이야기해요. 돈은 아무 소용없다, 명예도 아무 소용없다, 그렇게 말하지요. 그런데 사업에 망하고 신용불량자로 쫓기다시피 지낼 정도로 돈 때문에 문제가 생기면, 콩팥이라도 팔아야겠다고 생각하기도 하지요. 그러면 돈이 최고라는 말이 나오지요. 또 권력에 크게 당해 본 사람은 권력이 최고라고 하기도 하지요. 이런 식으로 **개인마다 주어진 상황에서 무엇이 중요한가가 달라집니다. 행복도 마찬가지입니다. 그러므로 명리도 너무 고정된 틀 안에서 짜 맞추듯이 하면서 얽매이지 않기를 바랍니다.**

제이선생님 유연한 사고를 지녀야 명리학이라는 이 공부의 바다를 자유롭게 항해할 수 있지 않나 하는 마음이 듭니다.

그렇지요. 자연의 이치와 더불어서 명리가 있는 것이니까요. 고정의 틀 안에서 보면 헤어 나오지를 못하지요.

제이선생님 제시된 커리큘럼이나 이런 기본적인 개념에 대해 차근차근 기초를 다져나간 이후에, 공부에서의 자유를 말할 수 있겠지요?

당연하지요. 그런데 문제는 스스로 기본을 다지지 않고 공부를 이어 나가는 것이지요. 기본적인 이론 체계를 제대로 공부한 뒤에 통합할 때, 그런 유연성을 가지고 융합을 시킬 수 있습니다. 기본적 이론 체계를 제대로 아는 것이 매우 중요합니다.

제이선생님 선생님, 오늘 너무 좋은 말씀 감사했습니다. 선생님께서 쓰신 《명리학개론》 책에서 제가 밑줄 그은 부분을 한번 읽어보겠습니다. "운명을 아는 자는 하늘을 원망하지 않고, 나를 아는 자는 남을 원망하지 않는다." 이 문장 옮겨 써서, 제 책상 앞에 딱 붙여 놨습니다. 이 공부가 참 좋은 것 같습니다.

인터뷰를 마치고

　한 분야에서 여러 사람으로부터 존경받는 사람이 된다는 것은 쉬운 일이 아닙니다. 선생님께서는 오랜 세월 후학들을 길러내며 쌓아온 명리학에 대한 교육관과 철학을 전해 주셨습니다. 정보화 시대 이전의 명리학과 이후의 명리학을 비교하여 설명해 주시는 과정에서 명리학과 함께한 선생님의 삶을 엿볼 수 있었습니다. 사랑하지 않으면 신념을 형성하여 전념하는 일이 쉽지 않습니다. 명리에 대한 선생님의 사랑은 신념이 되었고, 전념하는 삶을 사는 원동력이 되었습니다.

　인간의 삶은 다양합니다. 나와 타인이 다르므로 다양하기도 하지만, 나라는 하나의 개체가 경험하는 삶 역시 다양합니다. 나는 유년 시절 겁도 없이 당당하게 살았습니다. 청소년기에 접어들면서는 주눅 들고 자신 없는 마음이 생겨났습니다. 20대에는 타인과 나를 비교하며 못난 내 모습에 좌절했습니다. 30대에는 과도한 욕심으로 이기적인 마음이 많이 일었습니다. 40대 초반의 나는 시련 속에서 우울감과 불안함을 기본값으로 삶을 대했습니다. 40대 후반의 나는 무모한 마음으로 다양한 경험을 하고 있습니다.

　이러한 변화 가운데도 오롯이 '나'라는 그 근간을 마주할 수 있다면, 세상 풍파와 내면의 갈등에서 고요해질 수 있지 않을까 생각합니다. 명(命)은 '참 나'의 근간이며 세상 만물과 연결되어 있습니다. 자기 앞의 생을 당당하게 마주하고, 근간의 목소리를 사는 삶은 아름답습니다. 진심(盡心)으로 삶을 사는 것이 이치(理致)를 알아 가는 과정이라 생각합니다. 어떤 철학이든, 종교든, 과업이든, 학문이든, 직업이든, 역할이든 상관없습니다. 다만, 나와 내가 만나는 선생님들은 '명리학(命理學)'의 길에서 전념할 뿐이라는 생각을 하게 됩니다.

선생님께서는 좋고 나쁨으로 사주를 이야기할 수 없다는 말씀을 해 주셨습니다. 인간의 삶은 좋은 일 가운데 나쁜 일이 있기도 하고, 나쁜 일 가운데 좋은 일이 있기도 합니다. 그런 의미에서 용신의 다양성에 대하여 의미 있는 이야기를 해 주셨습니다.

건강이 좋지 않으셨는데도 불구하고, 시간을 내어 귀한 말씀을 해 주셨습니다. 근대 명리학을 지역별로 구분하여 말씀해 주신 내용은 우리나라 명리학의 발전 과정을 이해하는 데 중요한 자료가 될 것입니다.

명리 공부의 참다운 매력을 선생님과의 대화를 통해 또 한번 확인하는 시간이었습니다. **'운명을 아는 자는 하늘을 원망하지 않고, 나를 아는 자는 남을 원망하지 않는다'**는 말씀은 변화하는 나의 삶을 담담하게 마주하게 합니다. 우리는 그저 살아가면 되는 것 같습니다.

나는 장점발견가가 되려고 해

두강이을로

장점이 매우 강하고 단점은 약한데, 바보들은 단점만 봐.
평생을 그 작은 단점에 집착하고 시간을 바치는 사람도 있어.
나는 이거 안 봐. 장점을 키우는 쪽이 훨씬 경제적이라고
생각하는 사람이에요. 그래서 내가 상담에서 고수하는 철학은
'장점 발견가'가 되려고 그래.

인터뷰에 들어가며

재미를 누리며 사는 사람

 이을로 선생님을 알게 된 것은《자평진전 강해》라는 책과 원광디지털대학교 〈기문 연구〉 수업을 통해서입니다.《자평진전》은 명리학의 대표적 고서로, 시중에 판매되는 책이 많습니다. 번역과 접근이 책마다 조금씩 달라 여러 책을 볼 필요가 있었습니다. 이을로 선생님께서 동학사 출판사에서 출간한《자평진전 강해》는 다른 책과는 달리 선생님 나름으로 정리한 부분이 추가된 점이 새롭게 보여 인상적이었습니다. 또한 〈기문 연구〉 강의 교안에 우리나라 기문둔갑의 대가로 이을로 선생님을 소개하는 글을 보고 선생님의 저서들을 찾아보았던 기억이 있습니다.

 이을로 선생님께서는 오랜 기간 네이버 블로그를 운영하면서 하루도 빠짐없이 한자를 풀이하는 글을 게시하셨습니다. 선생님과 소통하기 이전부터 그 블로그의 글들을 자주 참고하여 공부하였습니다. 어떤 분인지 궁금하기도 하였고, 또 사주를 어떻게 푸는지 궁금했습니다. 기문둔갑으로 풀이하는 것도 들어

보고 싶은 마음에 선생님께 전화 상담을 요청하였습니다.

선생님 보시기에 나의 사주는 어떠한지 여쭤 보았습니다. 이야기는 자연스럽게 공부와 관련한 주제로 흘러갔습니다. 선생님께서 어찌나 재미있게 말씀을 잘하시는지, 첫날 선생님과 통화를 한 시간도 넘게 했던 기억이 납니다. 나는 선생님이 재미있는 분이라고 생각했는데, 선생님께서는 나더러 재미있는 사람이라고 말씀하셨습니다.

이야기 중에 인터뷰 자리를 마련하면 어떨지 여쭈어 보았습니다. 선생님께서는 재미있을 것 같다고 하셨고, 언젠가 시간을 마련해 보자고 약속하며 통화를 마무리했습니다. 여러 선생님을 뵙고 다니다 보니 나도 모르게 넉살이 좋아진 모양입니다.

선생님과의 약속은 나의 건강 문제로 한번 취소가 되었습니다. 가벼운 수술을 했는데 예후가 좋지 않아 고생하던 시기였습니다. 약속을 취소하고 너무 긴 시간을 보내는 것은 예의가 아닌 것 같아서, 몸이 다 회복되지 않은 상태로 서울행 비행기를 탔습니다. 몸이 아프다는 핑계로 사전 준비를 많이 하지 못해서, 비행기를 타는 내내 시나리오를 머릿속에 그려보고 지우고를 반복했습니다. 스스로 만족할 만큼 준비가 되지 않은 상태라 그런지 설렘보다 걱정이 앞섰습니다.

선생님께서는 일산의 〈두강원〉이라는 곳에 계셨습니다. 뜨거운 여름 햇살 아래 반짝이던 두강원의 소박한 마당이 지금도 눈

앞에 선합니다. 사모님이 가꾸는 정성 가득한 작은 마당은 꽉 껴안고 싶을 만큼 사랑스러웠습니다. 사무실 앞으로 펼쳐진 산과 폭 안겨진 듯한 두강원 위치는 마음을 편안하게 만드는 그 무엇이 있었습니다. 어쩌면 선생님이 그렇게 편안하신 분이라 그리 느꼈는지도 모르겠습니다.

'재미'라는 것은 어느 대상과 진심으로 소통할 때 느끼는 감정인 것 같습니다. 가만 생각을 해보면 선생님은 삶의 재미를 아는 분이셨습니다. 두강원이라는 장소가 주는 재미, 은입사라는 예술이 주는 재미, 공부라는 몰입이 주는 재미, 상담이라는 소통이 주는 재미, 그 모든 것을 이야기하는 자연(自然)이 주는 재미를 빠짐없이 누리는 분 같아 보였습니다. 재미를 누리는 사람은 신명(神明)을 다해 살아갑니다. 깊은 곳에서 전해지는 내면의 목소리를 삶으로 실천하는 사람이야말로 천명(天命)을 사는 사람일 것입니다.

나도 선생님처럼 재미를 누리는 사람이 되어 보고 싶습니다. 대상과 진심으로 소통하는 사람이겠지요. 인터뷰 이후로 선생님께서는 매일 아침 저에게 카톡을 보내 주셨습니다. 하루에 하나씩 한자를 공부하라고 보내 주시는데, 어떤 날은 열심히 외우고 어떤 날은 또 잊어버렸습니다. 꾸준하게 행함이 쉽지 않다는 것을 항상 느낍니다. 선생님의 이런 정성은 하루를 잘 쌓아 가야 꿈에 닿을 수 있다는 것을 일깨워 줍니다.

어느 날 문득 선생님의 아침 카톡이 오지 않았습니다. 그리고 선생님의 부고 소식을 받았습니다. 나는 아직 두강원의 햇살과 선생님의 웃음소리가 잊히지 않습니다.

명리, 기문 그리고 자연

제이선생님 선생님 반갑습니다. 선생님 소개를 한번 해보겠습니다. 선생님께서는 일비 이도근 선생님께 공부를 시작하셨고, 〈두강원〉을 운영하고 계십니다. 또 역학 관련한 많은 책을 번역하고 쓰신 것으로 알고 있습니다. 두강원 블로그를 운영하시고, 컴퓨터에도 상당히 능하십니다. 은입사와 같은 예술 활동도 하고 계신 것으로 알고 있습니다. 선생님의 스승님이셨다는 이도근 선생님은 어떤 분인가요?

내가 어릴 때 친척 분이 나를 이도근 선생님에게 맡겼어요. 그분이 청지기를 시켜 엄청난 쌀을 이도근 선생님께 보내고 저를 맡겼어요. 저를 좀 가르치라고 맡기셨어요. 일비(一飛)라는 성함만 안 상태였는데, 한번 찾아뵙고 인사드리고 배우라고 하셨지요. 친척 분이 학(學)을 바탕으로 이런 역술을 하시다 보니, 친척 중 누군가에게 자신이 하던 걸 물려주고 싶어 하셨어요. 직접 가르칠 수는 없는 상황이어서, 이도근 선생님에게 나를 맡기셨어요.

제이선생님 그렇다면 이 공부를 원해서 시작하신 것은 아니시네요.

| 그렇게 시작하실 때 이 공부가 좋으셨어요?

아니요. 몰랐어요. 제가 1980년 2월 3일 일요일에 입문했어요. 속리산 고속을 타고 서울에서 청주까지 가는데, 5시간이 걸렸어요. 눈이 많이 왔지요. 그때 이도근 선생님을 찾아뵙고 "제가 이을로입니다." 그러니까, 선생님께서 술상을 내오라 하셨어요. "너 나한테 배울 생각이 있으면 술을 한 잔 따르고, 배우기 싫으면 내가 술 한 잔 주마." 하셨어요. 엉겁결에 제가 선생님 잔에 술을 따랐지요.

제이선생님 술 한 잔 따르시며, 바로 입문하게 되셨네요. 선생님께서는 기문둔갑으로 유명하신데, 명리학보다 기문둔갑을 먼저 공부하셨어요?

그렇죠. 기문둔갑(奇門遁甲)하는 사람인데 명리 책도 쓰고, 주역, 육임에 관한 책도 쓰고 했어요. 역학(易學)이라는 것이 종합학문이라서 그래요. 기문둔갑의 홍국수를 통해 결론을 내리려면 명리학적 지식이 꼭 있어야 해요. 기문둔갑을 공부하던 어느 날 스승님께서 "너 명리 공부 좀 해서 와라." 하시더라고요. 공부하는 방법만 이야기해 주시고. 그냥 해야 하는 거였어요. 그러니 보통 사람들은 명리, 그다음에 기문둔갑, 육효, 주역 이런 순서로 공부하게 되는데, 저는 기문둔갑부터 공부했어요.

> **제이선생님** 제가 기문둔갑 포국(布局)* 하는 것을 배워 보니 너무 어렵던데요?

사실 포국 방식을 익히는 게 중요한 게 아니에요. 포국이 그렇게 된 이유를 알아야 해요. '포국이 이렇게 된다는 건 도대체 뭘 뜻하는 거지?' 이런 식으로 그 원인을 고민해 봐야 합니다. 그런 원리를 모르면 아무리 익혀도 소용이 없어.

> **제이선생님** 〈하루 한 장 명리〉 유튜브 채널은 주로 명리 공부하는 분들이 보는 채널인데, 이 공부를 하다 보면 기문둔갑이나 육효나 이런 쪽으로도 넓혀 가는 분들이 많습니다. 원광대학교에서 기문둔갑을 공부할 때 보니, 대학 교재에서 기문둔갑으로 가장 유명한 분 중 한 분으로 이을로 선생님을 소개하고 있던데요. 선생님께서는 상담도 기문둔갑으로 하시나요?

아니요. 사안에 따라서 달라요. 역점으로 점을 쳐보는 경우가 있고, 기문둔갑 홍국수로 보는 경우가 있고, 또 기문둔갑 연

---

* 기문둔갑에서 포국이란 기문둔갑의 기본 판을 구성하고 펼치는 것을 뜻합니다. 이는 시간에 따라 하늘, 땅, 인간의 기운을 배치하여 해석의 기반을 만드는 절차입니다.

국수로 보는 경우가 있습니다. 사안에 따라서 달라지지요.

제이선생님 기문둔갑이 명리보다 더 디테일한 해석이 가능한가요?

일장일단이 있어요. 용처가 달라요. 누군가 전화가 와서 '제가 찾아뵙고 배움을 청하고 싶은데, 가도 되겠습니까?' 이렇게 묻는 경우, 바로 기문둔갑 국을 짜 봐요. 결론이 '안 온다'예요. 그러면 나는 놀러 가지. 안 올 거니까. 그런데 명리로는 이런 것은 못 보지요. 용도가 다르죠.

제이선생님 기문둔갑은 명리학과는 다른 영역이라는 생각이 듭니다. 선생님 소개에서 시작한 이야기가 여기까지 왔네요. 선생님 성함이 이(李)자 을(乙)자 로(魯)자, 맞지요? 그런데 이름이 세련되신 것 같아요. 어떤 한자입니까?

이렇게 써요. 새 을(乙)자에 노나라 노(魯)자를 씁니다. 갑골문학자들이 새 을(乙)자를 해석할 때 열 가지의 설이 있어요. 제 이름의 을(乙)자는 '솟아나올 을'입니다. '노(魯)' 자는 물고기 어(魚)와 날 일(日)로 되어 있는 글자예요. 해 위에 물고기가 있으니 얼마나 우둔하냐는 거지요. 그래서 우둔하다는 의미가 있어요. 이렇게 되면 '우둔함에서 솟아 나온 이(李) 씨다.' 이렇게 해석이 되잖아요.

    그런데 날 일(日)을 그런 의미로 보지 않고 축구함으로 보면 이야기가 달라져요. 축구함은 옛날 무당들이 무엇을 빌 때 바라는 것을 적은 종이를 넣는 함을 말합니다. 그러니, 축구함 위에 생선을 놓고 제사를 지내는 고장, 그것이 노나라라는 의미가 있지요.

| 제이선생님 아. 그런 의미가 있군요.

    그럼 이제 의미가 달라져요. 노나라는 공자의 나라지요. '노나라에서 솟아 나온 이 씨다' 하면 의미가 대단해져 버립니다. 을로(乙魯)가 멍청한 새라고 생각할 수도 있겠지요. 새 을에 우둔할 로라면 멍청한 새란 말 같잖아요. 새가 멍청하잖아요. 이런 정체성을 가지고 평생을 사는 사람은 멍청하게 살 수밖에 없어요. 그런데 크게 한번 어깨에 힘을 주고 노나라에서 솟아난 이 씨가 되어 보겠다고 생각하면 괜찮지 않나요?

| 제이선생님 그러면 두강(斗岡)은 어떤 의미인가요? 연결하여 이야기 들어 보고 싶습니다.

    두(斗)라는 글자는 국자, 용기를 의미해요. 물건을 담는 삼태

기의 의미가 있어요. 강(岡)은 산등성이를 의미해요. 저는 작은 산의 의미로 쓰고 있어요. 두강(斗岡)이라는 것은 '삼태기 산'이라는 뜻이에요. 어렵고 힘든 분, 내가 필요한 분에게 삼태기 산이 되어서 보듬어 주고, 격려해 주겠다는 의미로 쓰고 있습니다.

제이선생님 뜻이 좋습니다. 제가 들어올 때 보니, 두강원 앞에 두강원이라 적힌 작은 팻말이 달려 있고, 꽃이랑 정원이 너무 잘 가꾸어져 있어 보기 좋았습니다. 사모님께서 가꾸는 정원이라고 말씀하셨는데요. 아침마다 이렇게 나와서 보면 너무 좋으시겠어요. 자연을 보듬고 있는 이 마당이 두강(斗岡)이라는 이름과 참 어울립니다. 마당 앞으로 보이는 산에 대해서 인터뷰 전에 설명해 주셨는데요, 풍수(風水)를 선생님께서 직접 보고 두강원 자리를 찾으신 건가요?

저는 여기를 좋아하는 정도가 아니고 사랑에 빠져 있지요. 명리든 기문둔갑이든 다 자연을 공부하는 거니까. 자연이라는 것이 결국은 스스로 그러한 존재들이잖아요. 이 동네 자체가 자연이에요. 저녁에 산책도 하고, 여기 동네 분들이 또 좋아요. 큰 사건도 없고, 여기 토박이들이 많아요. 나는 이 동네 자체를 좋아해요. 풍수 배운 제자들이 이곳에 대해 이런저런 좋지 않은 얘기를 하면, 관두라고 하지요. "내가 사랑에 빠졌는데 뭔 소용이 있어. 나는 콩깍지 썼었으니 끝이다." 그렇게 이야기하지요.

| **제이선생님** 선생님께서는 아주 오랜 기간 공부를 해오셨지요?

책을 놓았다 들추면 생소해요. 그러니 계속 봐야 해요. 아침 저녁으로. 공부가 습관이 되고 내 살이 되고 뼛속 골수까지 들어가야, 툭 치면 탁 나오지요.

| **제이선생님** 꾸준한 공부가 중요한 것 같습니다. 고서 공부의 중요성과 선생님 저서에 관한 이야기를 해 주시면 감사하겠습니다.

명리를 배우고 싶은 분들이 찾아오셔서 가장 많이 하시는 말씀이 한자를 모른다는 이야기입니다. 그러면 내가 그러지요. 한자 알 필요 없다고. 천간 열 개 하고 지지 열두 개만 알면 되는데 한자 많이 알 필요 없다고. 그런데 신(辛)자가 무엇인지 모르는 사람도 있어요. 그런데 우리나라에서 쓰는 말의 70퍼센트가 한자예요. 기본적인 한자는 알고 있어야겠지요.

저는 처음에 스승님 덕분에 한자 공부를 하게 되었어요. 예전에 김포에 사는 천재 중학생이 있었는데 그 아이가 초등학교 들어가기 전부터 저를 할아버지라 부르며 따랐어요. 그 애 엄마와 그 엄마가 아는 일당 네 명은 나를 아저씨라 부르고. 대한민국에서 그 네 명만 나를 아저씨라고 해요. 하여튼 서로 인연이 되었기에 중학교 들어가면 선물을 해 주고 싶었어요. 그래서 쓴 책이 '천자문'이에요.

제이선생님 저기 책꽂이에 있네요. 빼서 보아도 되나요? 그 아이를 위해서 쓰신 책이에요?

근데 쓰다 보니 이 내용을 알려면 춘추좌전, 사기, 주역, 시경 이런 걸 다 알아야 하거든요. 그러니까 그 애한테는 주지 못하겠더라고. 그래서 그 엄마한테 '한자 공부해서 아들 좀 가르쳐 줘라' 하며 만든 책이에요.

제이선생님 그래서 책 제목이 《어른을 위한 천자문》이군요.(웃음)

한자를 안다고 하지만, 알아도 아는 것이 아닐 수 있어요. 이것이 어디서 나온 말인지 모르면 몰라. 한자를 읽을 수는 있겠지. 근데 이게 무슨 뜻인지 몰라.

제이선생님 제가 명리 공부하기 전에 천자문이라고 하면 그냥 하늘 천(天) 땅 지(地), 이렇게 생각했었습니다. 그런데, 명리를 공부하며 천자문을 다시 보니 놀랍더라고요. 처음부터 천지(天地), 우주(宇

宙), 일월(日月)의 순서로 하나의 이야기로 전개되는 것을 알게 되었습니다.

그러니까 땅 지(地)를 보면, 흙 토(土)에 이끼 야(也)를 쓰지요. 也는 큰 뱀이라는 설이 있고, 설문 회자에서는 여성의 성(性)으로 봅니다. 흙과 모든 걸 먹어 치운 뱀, 그게 땅이지. 땅은 또 모든 것을 이어 주지요. 그러니 여자의 성(性)이라는 말도 일리가 있지. 이렇게 한자를 알고 접근하는 것하고, 그냥 하늘 천(天), 땅 지(地), 검을 현(玄), 이렇게 암기하는 것과는 다르지.

제이선생님 네. 그렇겠습니다. 저는 《자평진전 강해》 책을 접하면서 선생님이 어떤 분인지 알게 되었습니다. 《자평진전》은 시중에 나온 대부분을 봤습니다. 그런데 동학사 출판사가 큰 출판사이기도 하고, 내용이 깔끔하기도 합니다. 무엇보다 선생님께서 쓰신 《자평진전 강해》는 선생님 나름으로 설명하고 정리하신 것 같아서 인상적이었습니다.

거참. 저자가 싹수가 없어.

제이선생님 (놀람) 네? 저자가 선생님이시잖아요.

(웃음) 성경을 가장 잘 읽는 방법은 주석서를 전부 내치는 거예요. 원문만 봐야 한다는 거죠. 《자평진전》이든 《궁통보감》이든 《적천수》든. 주석서가 너무 많아요. 특히 《적천수》 같은 경우는 원문이 A4 몇 장도 되지 않아. 그런데 어떤 책은 5권으로 된 책도 있지. 그러면 본질을 잃어버려. 《자평진전》도 후대에 서락오라는 분이 주석을 단 책이 있는데, 서락오의 책만 보게 되면 《자평진전》이 주는 진짜 핵심이 무엇인지 모르게 되는 거예요. 심효첨이라는 원저자가 한 말을 봐야지. 제가 싹수가 없다는 게, 나는 서락오의 주석을 싹 빼버렸어.

고전을 어떻게 공부하느냐에 대해 이야기해 볼게요. 예를 들어 《자평진전》을 읽는다 칩시다. 그러면 일단 넘겨. '휘리릭휘리릭'이라고 해. 제목만 보는 거야. 제목만. 이렇게 해서 한번 끝까지 넘기는 거야. 끝까지. 근데 이게 왜 필요하냐면 이 책을 쓴 사람이 앞부분에서 설명할 것을 뒤에 가서 더 자세하게 한 게 있어. 그런데 앞부분부터 밑줄 치는 사람은 딱 수학 정석에서 집합 부분만 풀듯이 해. 그런 식이 되면 앞부분 조금 나가고 진도가 안 나가. 이해가 안 가니 그러겠지. 근데 뒤에 가면 다 설명이 되어 있거든. 그래서 첫째, 휘리릭.

| 제이선생님 첫째, 휘리릭 끝까지 볼 것!

둘째, 넘기면서 제목 읽기! 휘리릭 읽어 보는 것이 하루 걸린다면 제목 읽기는 이틀 정도면 됩니다. 셋째, 소제목 달기! 이렇게 하면 세 번을 보게 되는 거예요. 그다음에 우리가 연필을 들고 밑줄을 그으면서 진짜 읽어야지. 그때는 읽기만 하면 안 돼. 정리하는 거야. 소제목에 가장 핵심적인 사안만 간단간단하게 정리해서 내 노트를 만들어야 해. 명리에서 말하는 대표적인 고전인《자평진전》《궁통보감》《적천수》이 경우는 소제목까지 머릿속에 있어야 하고, 간단한 핵심 사항을 정리해서 가지고 있어야지.

제이선생님 이 공부를 한다면 대표 고서 정도는 정리해 놓으라는 말씀이군요.

당연하지. 세 번. 휘리릭 읽고, 정리하고. 그렇게 해서 인덱스를 붙여서 노트를 만들든지, 파일로 정리한다든지 해야지. 그것이 뼈대가 되고 그 위에 살이 붙겠지. 거기에 물을 주고 햇빛이 들면 꽃이 피고 그러는 게지.

제이선생님 《자평진전》《궁통보감》은 저도 잘 아는 책인데《팔자제요》는 어떤 책인가요?

《자평진전》의 가장 큰 특징은 최초로 팔자를 여덟 개의 분류 체계로 구분한 거예요. 용신 격국으로 여덟 가지로 분류한 분류 체계를 알 수 있는 책이에요. 《자평진전》을 보다 보면 팔자를 보는 안목이 달라지지요. 요즘에 나온 책 보다가 이 책을 보면 그런 현대의 단행본들은 사기치는 것 같아. 이게 고루한 고서지만, 현대에 넘치는 책들이 사기치는 것 같은 느낌이 딱 들 정도예요. 그래서 이건 기본이에요.

제이선생님 《자평진전》은 기본이다.

《궁통보감》은 추우면 담요 덮어라, 더우면 에어컨 켜라. 이런 이야기하는 '조후론'의 핵심 책이에요. 그런데 《궁통보감》을 그렇게 간단하게 알고 접근하면 나중에 머리에 쥐가 납니다. 《궁통보감》은 사실 팔자를 보는 종합적 체계를 말합니다. 《적천수》는 그냥 짧은 시예요. 그런데 거기에 주석 단 사람이 많아요. 저자도 불분명한 것이 많고. 《자평진전》《궁통보감》《적천수》가 기본서이지요. 거기에 살을 붙이는 게 좋지요. 그렇게 접근하시면 됩니다.

《팔자제요》는 그냥 사전이에요. 위천리라는 명리학자가 쓴 것인데, 이것을 바탕으로 하여 더 유명해진 책은 《명리사전》입니다. 돌아가신 우리나라의 명리학자 박재완 선생님이 쓰신 책이에요. 위천리 선생의《팔자제요》에는 월지, 일간, 시지가 사전 인덱스입니다. 예를 들면 '묘월(卯月) 갑목(甲木)이 갑진(甲辰)시를 만나면' 이런 방식으로 되어 있어요.

어떤 사주를 본 후에 내가 놓친 게 있나 확인하고 싶을 때, 인덱스 찾아서 위천리 선생님이나 박재완 선생님 시각으로 다시 고민해 보면 좋습니다.《팔자제요》나《명리사전》같은 책은 그러한 용도로 쓰면 좋은 책이에요. 엉뚱하게 보는 걸 막아줘요.

나를 향한 격려, 너를 위한 박수

제이선생님 선생님. 요즘은 작명하러 오는 사람들이 많지요? 한자 이름이 그 사람한테 영향을 많이 미칠까요? 요즘은 한글 파동 같은 것으로 작명하기도 하던데요.

근데 '갈치'가 왜 '갈치'인지 알아요? '칼의 티'가 나는 물고기라는 이름이에요.

제이선생님 칼의 티? 칼 모양이라는 말씀이세요?

그렇지요. 넙치는 넙데데한 티가 나는 게 넙치야. 어떤 사람이 갈치를 생선 1호, 넙치를 생선 2호라 부른다고 합시다. 이게 도로명 주소예요. 덕은동도 없고, 부산도 없지. 62번길 35. 막 이래. 효율성 면에서는 그것이 중요하지요. 그런데 덕(德)이 숨어 있다는 의미의 덕은동 토박이로 사는 나 같은 사람은 웃긴다 싶어. 멸치를 그럼 생선 3호라고 하지? 그러니까 결국 이름이라는 것은 그 사람의 정체성이거든, 정체성.

사람 1호, 사람 2호 그렇게 지으면 웃기잖아. 그래서 한 사람이 평생 추구해야 할 정체성 또는 그 사람이 평생 입어야 하는 옷인 거지. 한자 이름이든지 아니면 한글 이름이라면 그 한글 이름에 담긴 뜻이나 의미가 있어야 한다는 이야기예요.

이름은 일종의 컬러링이에요. 전화기 소리랑 같아요. 평생 그 이름으로 부름을 받는 거야. '이우주(李宇柱)'라는 이름이 있어요. 비밀인데 제 딸이에요. (웃음) 초등학생 때까지 '우주선'이라고 놀림당해서 울고 오는 거야. 그래서 제가 이렇게 이야기해 줬어요. 우주선의 우주가 아니고, 너는 '공간의 울타리', '시간의 줄 서기'라는 뜻을 가진 이름이라고 알려 줬어요. 시간과 공간을 통솔할 수 있는 여성이 되라는 의미를 담은 거야. 애가 중학교 때부터 너무 좋아하더라고. 이름에도 나름의 스토리가 있으면 돼요. 한글 이름도 이렇게 의미가 있으면 돼.

> 제이선생님 이름을 정하는 것도 중요하지만, 불러 주는 것이 중요하겠지요?

그렇지. 그래서 옛날에는 이름을 짓거나 바꾸면 수저에다가 그 이름을 새겼지.

> 제이선생님 요즘은 이름 바꾸러 오는 사람들이 많죠? 개명 절차가 편해지면서 더 많아진 것 같던데요?

범죄행위 아니고 세금 안 낸 거 없으면 법원에서 거의 바꿔 줘요. 행복추구권인가 뭔가 해서. 결국은 자기를 사랑하는 방법은 자기 이름을 사랑하는 거지. 이름은 중요하게 의미 있게 다뤄야지.

> 제이선생님 네 좋은 말씀인 것 같아요. 자기 정체성에 아주 중요한 역할을 하는 거군요.

그럼요. 스토리만 부여해 줘도 기분이 좋아. 누가 나한테 이런 이야기를 했어요. 이름이 갑로(甲魯)가 아니고 무슨 을로(乙魯)냐고. 저는 개의치 않아요. 제 이름에 대한 의미로 완전 무장했어요. 내 이름이니까. **자기가 자기를 격려 안 하고, 스스로를 향**

해 박수를 안 보내면 누가 격려하고 박수치겠어요?** 이름에 대해서는 그런 생각을 굳게 가지고 있지요.

그런데 전문가로서 이름을 보면, 사주(四柱)와 이름의 연관성을 안 볼 수 없지요. 엉덩이가 큰 사람인데 엉덩이가 더 커 보이는 옷을 평생 입고 사는 사람이 있어요. 어떤 사람은 머리가 비어 있어. 그런데 더 비게 하는 이름을 써. 어깨가 좁으면 어깨를 좀 넓혀 주고, 엉덩이가 크면 작게 해 주고. 이름은 팔자의 병을 고치는 것이고, 그 사람의 정체성을 정립하게 해 주는 것이지. 그런 의미로 개명(改名)하게 되면 기분이 좋아져요.

제이선생님 일종의 개운법이라는 말씀이시군요.

백만 불짜리 웃음을 웃는 사람이 있어. 그런데 꼭 입을 가리고 웃어. 그 사람은 손만 내려도 개운이 되지. 개명은 그런 의미인 거예요.

제이선생님 네 알겠습니다. 선생님. 이번에는 '은입사' 이야기를 듣고 싶습니다. 아까 저에게 잠시 보여주셨는데요.

은입사는 은실박이라고 해요. 여기 두강원에는 너무 잘 되어서 오는 사람은 없어요. 코너에 몰리고 두들겨 맞은 사람들이 여기에 와요. 그런데 이걸 아무리 봐도 찌그러진 소형차 팔자야. 그 사람이 자신의 운을 바꿀 방법이 없나 물어보면 뭐라고 해 주겠어요? 인사동에서 백 원짜리 부적 사서 줄 수도 없고. 또 백팔배를 하라는 그런 방책을 주는 것도 나는 좀 그렇고. 그런 게 도통 내 양심에 안 맞는 거야. 그래서 은입사를 배우기 시작한 거지.

제이선생님 일종의 부적 같은 느낌인가요? 선생님의 그 사람을 위하는 간절한 염원을 담은 부적 같은.

네. 내가 연필로 끄적끄적 하면 품격이 없잖아. 그래서 찾기 시작했어요. 이종(移種)의 금속을 다루는 방법을 생각했지. 예를 들면, 철판에다가 은을 넣는다든지. 은판에 금을 넣는다든지. 그런 게 있나 싶어 찾기 시작하다가 서울 무형문화재 36호 최규준 입사장님을 만나게 됐어요. 배웠어요. 그 분한테. 그리고 옻칠은 전주대학교 안덕춘 교수님한테 배웠고. 호랑이 그림을 구궁**에 그린거야. 기문둔갑에서 쓰는 구궁. 지키고 있는 곳이 생문(生門)*** 방이야. 호랑이가 입을 벌리고 막고 있는 곳이 사문

** 기문둔갑에서 시간과 공간의 기운을 아홉 개의 구역으로 나눈 기본 구조로, 해석의 틀이라고 생각하면 됩니다.
*** 기문둔갑의 여덟 개 문 중 하나로, 생명, 성장, 재물, 기회 등을 상징하며 길한 기운으로 간주됩니다.

(死門)**** 방이야. 사문은 막아주고 생문은 온몸으로 보호하는 거예요. 좀 품격 있는 개운법을 내가 디자인해서 해보자고 생각한 거지.

제이선생님 선생님의 마음과 정성이 가득 들어간 예술품이라는 생각이 듭니다. 대단하세요. 선생님. 이번에는 기문둔갑과 명리의 차이점에 대한 말씀 부탁드리겠습니다.

명리에는 시간(時間)이 있어요. 예를 들면 어떤 사람이 태어나면 을미년 기축월 경진일 신사시, 해서 연월일시라는 시간이 있어요. 그런데 기문둔갑은 연월일시라는 시간을 공간에 뿌린 거예요. 그걸 포국한다고 하는 거예요. 그러니까 기문둔갑은 시간과 공간이 같이 있는 거예요. 그걸 '시공(時空)을 착종한다'라고 해요. 시간과 공간을 갖다가 이렇게 짠다는 의미예요. 그러니까 당연히 복잡하죠.

제이선생님 아. 정말 못하겠던데요, 기문둔갑은. 포국을 해볼 엄두가 안 나던데요.

그런데 이 공부하는 사람들이 주로 쓰는 말이 있지요. 명리

**** 기문둔갑의 여덟 개 문 중 하나로, 죽음, 단절, 침체, 손실 등을 상징하며 흉한 기운을 나타냅니다.

는 웃으면서 들어가서 울면서 나온다고 그래요. 명리에는 정답이 없으니. 그런데 기문둔갑은 울면서 들어가서 나중에는 웃으면서 나온다 그래요. 나중에는 평범한 소리로 읽어 주기만 하면 돼. 일반인이 볼 때는 기문둔갑이든 명리학이든 독일어나 마찬가지거든. 그런데 이걸 일반인의 언어로 그냥 읽어 주기만 하면 돼. 그런데 명리는 그렇게 간단한 이야기가 아니지요.

사람들이 물어요. 기문둔갑을 주로 하는 사람인데 주역 책을 어떻게 내냐고. 그런데 기문둔갑에서는 작괘를 해야 해요. 주역을 모르면 깊이 있게 나아가지 못해요. 육임도 연결되어 있어요. 또 홍국수를 해석하려면 명리 지식이 반드시 또 필요해요. 그래서 기문둔갑은 종합학문이라고 생각해요. 복잡하다고 생각하는 이유는 주역, 육임, 명리, 고(古)천문학 등등이 다 연결되다 보니 복잡해 보이는 거지요. 복잡해 보이는데 익히고 나면 쉽게 접근할 수 있어요.

제이선생님 저는 포국 짜는 데도 한 시간이 넘게 걸리더라고요. (웃음) 선생님께서는 이렇게 오랜 세월 상담을 해오셨는데요. 명조를 대하는 마음가짐이나 상담하실 때의 철학 같은 것이 있으신지 여쭙고 싶습니다.

예를 들어 어떤 분이 왔어. 환하게 웃어. 그러면 1차 시스템이

작동해요. '환하네' 상(象)을 본 것이지요. 그런데 1차 시스템에서 끝이 나면 감각만 쓴 것이니 동물과 다름없어. 2차 시스템을 작동해야지요. 사주를 볼 때도 '잘 웃네', '울상이네', '깨끗하네' 이런 식으로 보게 돼요.

두 번째는 이 팔자의 목적이 뭔지 보는 거예요. 팔자가 가지고 지향하는 목적이 있어요. 그 사람이 무엇 때문에 사느냐를 이야기하는 것이 아니라, 이 여덟 글자가 가지는 목적이 있어요. 그러면 그 목적을 이룰 수 있게 운이 도와주나 봐요. 다음으로는 증상을 물어봐요. 무슨 문제로 왔는지. 이렇게 세 가지 적어 놓고 상담을 시작합니다.

예를 들어볼게요. 어떤 분이 전형적인 공직이나 학문을 바탕으로 한 선생님 사주예요. 목적이 그래요. 그런데 이분이 갑자기 역학을 한대. 그러면 목적에 반하는 거잖아요. 바람이 안 부는데 연 날리는 것과 같아요. 방법은 있어요. 연을 들고 뛰면 되지요. 그 대신 발이 찢어지고 땀나고 그러지요. 가장 쉽게 가는 방법은 목적에 맞춰서 가는 거예요.

장점이 매우 강하고 단점은 약한데, 바보들은 단점만 봐. 평생을 그 작은 단점에 집착하고 시간을 바치는 사람도 있어. 나는 이거 안 봐. 장점을 키우는 쪽이 훨씬 경제적이라고 생각하는 사람이에요. 그래서 내가 상담에서 고수하는 철학은 '장점 발견가'가 되려고 그래. 후천 세상을 사는 이 사람이 무엇을 써야 하는지, 어떻게 살아야 하는지. 단점을 보충하라는 말은 안 해. 가지고 있는 장점을 더 잘 쓰기 위해서 이 사람이 하여야 할 개운법을 말해 주지. 웃는 것도 많이 이야기해요. 제일 많이 이야기하는 건 종이 한 장에 아침마다 마음의 그림을 그리라고 조언하는 거지요.

> 제이선생님 자기의 생각을 마인드맵처럼 쭉 적어 보라는 말씀인가요?

내가 말하는 개운법을 3개월간 실천하면 인생이 바뀝니다. 컵을 두 개 두고, 하나의 컵에 30개 돌을 넣어 두고 실천할 때마다 돌을 다른 컵에 옮깁니다. 체크리스트인 셈이지요. 식탁 옆에다가 콩알 같은 걸로 한번 해보세요. 남편 무조건 안아 주고 웃어 주기. 그러면 이혼한다는 말 안 나와. 이렇게 3개월만 해봐, 이런 식으로 이야기 많이 합니다.

> 제이선생님 결국 자신을 돌아보고 수기(修己)하는 것이 중요한 것 같습니다. 자신의 장점을 발견하고 닦아 나가는 노력은 삶을 행복하게 만들 것 같습니다. 좋은 말씀 정말 감사드립니다.

인터뷰를 마치고

2023년 6월 25일, 선생님과 처음으로 뵈었습니다.

대화 내도록 선생님께서는 재미있게 행복하게 삶을 대하는 분이라는 생각이 들었습니다. 나에게 재미와 행복이 무엇인지 알게 해준 사람은 아버지입니다. 그래서인지 헤어지며 선생님께서 손을 흔들어 주실 때 문득 돌아가신 아버지가 떠올랐습니다. 짧은 시간 만나고 헤어지려니 아쉬움이 많이 남았습니다.

2024년 6월 28일, 선생님께서는 갑작스럽게 세상을 떠나셨습니다. 인연이라는 것은 무엇일까요. 선생님께 조문하고 내려오는 기차 안에서 또다시 나는 아버지를 떠올렸습니다. 아버지를 떠나보내었던 기억과 아직 떠나보내지 못하는 나의 마음은 드러나고 다시 사라지기를 반복했습니다. 명리(命理)라는 공부를 내가 이토록 부여잡는 이유는 인연들에 대한 그리움 때문은 아닐까 생각했습니다.

나를 향한 격려, 너를 위한 박수. 각자 자리에서 자신을 조화롭게 하고, 타인과 관계에서 균형을 유지하려는 노력. 선생님께서는 그러한 습관이 행복을 만든다는 것을 알려 주셨습니다. 마당에 핀 꽃, 건네주는 인사, 땀방울을 식히는 바람, 사랑하는 사람의 웃음. 순간순간의 행복이 우리가 찾는 재미이고 그것이 곧 도(道)가 아닌가 하는 생각을 해봅니다. 행복한 도인(道人)이셨던 이을로 선생님. 선생님의 웃음을 잊지 않겠습니다.

생긴 대로 살고
최선을 다하기

선운 황성수

자기가 살아가는 삶을 확신케 하는 것.
내가 잘못된 것이 아니다, 잘못 살아온 것이 아니고
그렇게 살 수밖에 없었다는 것을 알려 줄 수 있습니다.

인터뷰에 들어가며

명리, 나와 더불어
존재하는 모든 것에 대한 이해

선운 선생님은 나의 은사님이십니다. '은사님'이라고 이야기하면 마치 그 문하생이 되어 오랜 시간 그 장소에서 공부한 사람 같습니다. 디지털 환경에서는 제자는 스승을 알지만 스승은 제자가 누구인지 모를 수 있습니다. 아주 오랜 기간 방대한 분량의 선생님 강의를 모두 들었습니다. 쌍방향이 아닌 한 방향 교육이었지만 약 5년 동안 선생님 강의를 들으며 살아왔으니, '은사님'이라 관계를 규정짓는 일이 이상한 일은 아닌 것 같습니다.

처음 명리학을 어느 정도 공부하여 개념을 익혔을 때, 나는 명리학이 암기만 잘하면 되는 공부구나 생각했습니다. 공부하기 시작한 지 세 달 만에 명리 심리상담사 1급 자격증을 받을 수 있었습니다. 멋도 모르던 이때가 가장 사주를 잘 보는 것처럼 보이던 때가 아니었을까 하는 생각이 듭니다. 고민 없이 외운 것에 대하여 보이는 대로 이야기하기만 하면 되던 때였습니다.

선운 선생님을 알게 되고는 명리학을 다른 시각으로 바라보게 되었습니다. 외운 것을 바탕으로 타인의 과거나 미래를 추론해 내는 것이 명리의 전부가 아님을 알게 되었습니다. 세상 그 어떤 것도 잘못된 것이 없다는 이해와 글자들이 특정 논리체계 안에서 움직인다는 사실은 이 공부의 매력에서 나를 빠져나오지 못하게 만들었습니다.

명리 공부는 암기로 끝나는 공부가 아니라 논리를 이해해야 하는 공부임을 알게 되었습니다. 나에 대한 이해, 너에 대한 이해, 관계에 대한 이해, 상황에 대한 이해, 공간에 대한 이해, 시간에 대한 이해, 때에 대한 이해, 삶에 대한 이해, 역할에 대한 이해 등 인생의 다양한 영역과 나와 더불어 존재하는 만물에 대한 이해를 도모하는 공부라는 사실을 알게 되었습니다.

선생님을 뵙기 위해서 우선 상담부터 예약했습니다. 감사 인사를 드리고 선생님께 배운 내용을 정리해서 내가 유튜브에서 강의해도 되는지 허락받기 위함이었습니다. 선생님을 처음 뵈었을 때는 정말 불편하기 이루 말할 수가 없었습니다. 긴 세월 동안 선생님을 보았지만, 선생님께서는 나를 처음 보는 것이니 그 간극(間隙)이 아득하게 느껴졌습니다.

사주를 통해 내 삶의 방향에 대한 말씀을 들려주셨습니다. 상담 속으로 서서히 빨려 들어가게 되자 그 거리가 점차 좁혀지는 것이 느껴졌습니다. 강의 내용을 활용해도 좋다는 허락과 인터뷰에 대한 약속을 받고, 형언할 수 없이 설렜습니다.

인터뷰는 선생님과의 두 번째 만남이었습니다. 사람에 대한 선생님의 이해는 감동적이기까지 합니다. 쉽고 간단하게 어떤 상황이나 현상에 대하여 설명하는 능력이 탁월하십니다. 그냥 툭 던지는 한마디에 깊은 통찰이 녹아 있습니다. 포장하거나 치장하지 않은 이해와 말씀은 날 것 그대로의 모습으로 눈앞을 선명하게 만듭니다.

모든 인터뷰를 통틀어서 가장 긴장했던 인터뷰였습니다. 〈선운의 명리터〉 사무실에 들어가기 전에 청심환까지 하나 먹은 것을 고백합니다.

길흉에 연연하지 않기! 생긴 대로 살기!

제이선생님 선생님, 뵙게 되어 영광입니다. 선생님 소개를 한번 해보겠습니다. 선생님께서는 영어영문학을 전공하셨다고 알고 있습니다. 그리고 평생 명리학을 공부하셨습니다. 명리학 관련하여 〈선운닷컴〉이라는 동영상 공부방을 운영하고 계시고, 〈선운의 명리터〉라는 카페를 운영하십니다. 유튜브로 사람들과 소통하며, 사주 상담과 명리학 강의를 하고 계십니다.

제가 2018년에 선생님을 알게 되고, 유튜브를 통해서 공부하다가 명리학의 매력에 빠진 이후로 헤어 나오지 못하고 있습니다. 선생님 강의를 접하면서, '와 이거 너무 재밌다'라는 생각이 들었습니다. 유튜브의 선생님 강의를 전부 다 보고, 그것으로 채워지지 않아서 선운닷컴의 강의를 5년 동안 공부했습니다. 잘 때 듣고 아침에 듣고. 선운 선생님 목소리가 나오면 우리집 아이들이 "선운 선생님이다!"라고 합니다. 오늘 뵈러 간다고 하니, 다들 잘 다녀오라고 응원해 주었습니다.

우수 고객님이시군요.(웃음)

제이선생님 선생님께서는 유튜브나 영상을 보면 항상 웃음이 많으십니다. 농담도 잘하시고. 그런데 저번 여름에 제가 직접 뵈었을 때 너무 다른 느낌이 들었었습니다. 교육자로서의 선생님과 상담가로서의 선생님이 상당히 다르다는 느낌이 들었습니다.
예전에 선생님 하신 말씀 중에, 상담할 때는 냉소적이어야 한다고 하셨습니다. "상담에서는 자신의 이념이나 감정이 투영되어서는 안 된다. 왜곡되기 때문이다." 그렇게 이야기하셨습니다. 그래서일까요? 지난여름에 뵈었을 때는 너무 어려웠습니다. 오늘 인터뷰는 좀 편하게 진행해도 될까요?

상담하면서 웃고 떠들고 할 수는 없지요. 편하게 하세요. 저는 편하게 하고 있어요. 유튜브, 뭐 편하게 합시다.

제이선생님 인터뷰가 익숙하지 않아 쑥스럽습니다. 선생님께서 이 공부를 시작하게 된 계기 같은 것 이야기해 주실 수 있으실까요?

저도 사실 (웃음) 쑥스럽습니다. 공부를 시작한 것은 특별한 계기가 있었다기보다는 집안 자체가 이 공부와 인연이 있습니다. 우리 어머님이 원래부터 명리 공부를 좀 하셨습니다. 뭐 대단한 실력자는 아니신데, 그냥 분위기 자체가 그랬습니다. 집에 굴러다니는 게 사주 명리 관련한 책들이었어요. 그러다 보니 자연스럽게 접하게 되었습니다. 명리를 시작한다고 하니, 우리 어머님이 무지하게 좋아하시더라고요. 보통 당시만 해도 명리 공부한다고 그러면 좋지 않은 시선이 많았지요. 그런데 우리 어머니는 명리 공부를 한 분이시니, 좋게 봐주셨어요.

제이선생님 명리학이 가지는 깊은 의미를 아는 분이시니 아들의 공부를 기뻐하셨나 봅니다. 예전에 이런 말씀을 하신 적이 있습니다. 이 공부가 너무 재미있어서 하셨고, 재미있어서 계속하고 계시고, 재미가 없어지면 그만둘 수도 있다고 이야기하셨어요. 선생님께서는 이 공부가 여전히 재미있으신가요?

여전히 재미는 있죠. 예전만큼 재미있지는 않은데 이제는 먹고 살아야 하니, 그만둘 일은 없을 것 같습니다. 10년 전에는 객기 어린 말로 그런 이야기를 많이 했습니다. 당시만 해도 정말 재미로 했지요. 가만 보면, 나는 평생을 재미로 해왔고, 지금도 재미있죠. 항상 새로운 것이 나오면 재미있어요. 했던 것을 또 하는 것을 나는 정말 싫어하는 스타일입니다. 했던 강의가 어쩔 수 없이 반복되는 부분이 있을 수는 있겠지만, 나는 내가 한번 했던 강의를 다시 해본 적은 없어요.

제이선생님 선생님의 강의는 늘 새로운 것 같습니다. 수업을 준비해서 하시는 건 아니시죠?

늘 즉흥적이지요. 나는 항상 새로워야 합니다. 강의가 새롭지 않으면 아마 스스로 자연스럽게 강의를 안 하게 될 것 같아요.

제이선생님 늘 새로운 것을 추구하시는 분 같습니다. 홈페이지 제작도 직접 하셨지요? 선운닷컴 홈페이지 말씀입니다. 이렇게 컴퓨터에도 능하시고, 제가 알기로는 요리도 뚝딱뚝딱 잘하시고, 팔방미인인 것 같습니다. 다재다능하신 것 같습니다.

홈페이지는 제가 만들었어요. 혼자 살려면 요리도 그렇고, 다 해야지요. 무인성(無印星) 겁재(劫財)가 그래요. 사람이 인성이 있어야 주변 사람들과 협조도 하고, 내가 부족한 것은 다른 사람한테 맡기고 이러는데 무인성은 그러지를 못해요. 기본적으로 사람이 겁재(劫財)로 근이 왕한 것 자체가 스스로 하는 거죠. 자기 스스로 하는 거고. 자기 독자적으로. 내 성질머리에 맞추라는 이야기입니다. 내 성질머리에 맞아야 한다는 이야기인데 무인성까지 하다 보니까, 모든 걸 혼자서 하는 게 너무나도 몸에 배어 있는 거예요. 그냥 무조건 도전하는 거지 뭐.

제이선생님 사주의 그러한 특성이 선생님을 항상 새롭게 하는 것 같습니다. 선생님. 〈선운의 명리터〉 다음 카페에 보면, '단상' 코너에 글 올려 주시는 것이 있습니다. 제가 정말 열심히 보는데, 좋은 말이 많이 있습니다. 거기 보면, '사주 명리는 예측하는 학문이 아니다' 이런 이야기를 하시면서 '세상에는 세상의 순리가 있고 또 자기만이 가지는 각자의 순리가 있다'고 하셨던 것이 기억에 남습니다. 어쨌든 선생님 이야기를 쭉 읽어 봤을 때, 최종 결론은 '생긴 대로 살자'라는 것으로 귀결이 되는 것 같았습니다.

그렇죠. 각자의 삶인 것이지요. 사주는 계절학이거든요. 봄, 여름, 가을, 겨울을 이야기하는 것입니다. 사람도 똑같아요. 사람은 목(木)으로 태어나서 결국은 수(水)에서 죽는 것이지요. 과정 안에 있는 거죠. 마치 우리가 씨앗을 뿌리지 않으면 농작물이 생기지 않는 것과 똑같은 것입니다.

제이선생님 뿌린 대로 거둔다는 말과 비슷하게 들립니다. 많은 사람이 선생님 강의 너무 좋아하고 또 존경하고 있습니다. 선생님께서도 뿌린 대로 거두고 계시는 것일까요? 제가 알기로 선생님께서는 화(火)의 운(運)을 거쳐 왔고 금(金)이라는 글자를 가지고 계신 사주입니다. 선생님의 사주 구조에서 그러한 운을 거치면서 오늘날의 결과가 있다고 생각해도 될까요?

그런 것들은 내가 사회 속에서 발판을 다져 오는 하나의 과정을 의미하는 것입니다. 사람들이 내가 하는 말에 관심을 가지는 것은, 양인(羊刃)의 편관(偏官)을 이야기하는 거죠. 양인의 편관이라는 것은 힘든 사람들을 이끄는 것이니까요. 어쨌든 어느 정도 인지도와 이슈를 가진다는 것은 양인격에 편관이 있다고 보는 게 더 맞겠죠.

제이선생님 예전 선생님 글 중에 명리학의 미래에 대하여 고민하신 글이 있습니다. 경자년이 대변환의 시점이라고 이야기하시면서 '명리학의 미래란 무엇일까?' 고민하셨던 글이 있었습니다. 선생님께서는 이 학문이 조금 다른 방향으로 나아가고 있다고 보시는 걸까요?

다른 방향이라기보다는 명리학을 이해하는 폭이 넓어지고 있다고 생각합니다. 명리라는 것은 어디든 접목되는 학문이라는 부분을 주목할 필요가 있어요. 특히 컨설팅 쪽으로 접목하는 시도를 많이 하고 있습니다. 그리고 자기 삶을 되돌아보는 철학적 관점에서도 많이 활용하고 있고요. 이런 것들은 명리가 가지고 있는 기능이 확대되는 것입니다.

다른 방향을 간다기보다는 명리의 기능이 확대되는 것이라 봅니다. 예전에는 명리가 단순하게 길흉(吉凶)과 화복(禍福)만을 이야기했다면, 지금은 길흉과 화복을 이야기하는 비율이 줄어들고 있습니다. 명리의 기능을 이해하는 사람들이 많아지고, 그

활용의 폭이 넓어지고 있는 것 같다는 생각이 듭니다.

제이선생님 선생님께서 '명리학의 미래는 무엇일까?'라는 화두를 던지셨고, 저는 그 글을 읽으며 생각을 해봤습니다. 선생님께서는 '다른 사람이 이해는 안 되지만 인정해야 한다'라는 말씀을 항상 하십니다. 개성이 존중되는 시대가 되었고, 개인의 시대가 되었습니다. '생긴 대로 살자'라는 말이 가볍게 들릴지는 몰라도 개인의 시대에서 그 철학적 가치를 명리학이 잘 설명할 수 있다고 생각합니다. 이러한 시각에서 명리학은 새 시대의 철학으로 자리매김할 수 있지 않을까? 그런 생각을 한번 해보았습니다.

그렇지요. '생긴 대로 살자!'

제이선생님 개인의 시대에서 사람들은 또 자기 계발에 주목합니다. 사람들이 읽는 자기계발서가 자기 사주에 맞게 끌린다는 이야기를 해 주신 기억이 납니다. 슬로우푸드(slow food)나 슬로우시티(slow city)에 매력을 느끼는 사람은 느리게 사는 삶의 의미를 추구하는 방향의 자기계발서를 읽는다고 하셨어요. 또 《미라클 모닝(miracle morning)》이나 《끌어당김의 법칙》과 같은 내용에 매력을 느끼는 사람은 또 그런 분야의 책을 읽는다고 하셨습니다. 명리학을 공부하며 나를 이해하고 타인을 알아 가면, 나만 옳다는 확신에서 벗어날 수 있는 것 같습니다. 나와 다른 너, 음과 양, 길과 흉, 상대성에 대한 선생님의 말씀을 들어보고 싶습니다.

길흉이라는 게 없을 수는 없지요. 일반적으로 길흉은 잘사느냐, 못사느냐에 대한 이야기입니다. 그런 면에서 봤을 때는 당연히 삶에는 길흉이 있죠. 옛날에는 단순하게 그냥 돈이 있고 없고가 중요한 시대였다고 한다면, 지금은 그게 전부가 아니거든요.

먹고사는 것은 대부분 지장이 없습니다. 정말로 나락으로 떨어지지 않는 이상 기본적으로 금전적인 레벨은 다 가지고 있는 사람들이 많습니다. 상담에서 사람들의 고민을 들어보면 돈 때문에 힘들다고 하는 사람은 생각보다 많지 않아요. 대부분 인간관계 문제라든지, 자기가 추구하는 목표가 있는데 목표에 이르지 못하는 갈증이라든지 이런 것들에 대한 고민이 많습니다.

그런 것들은 길흉으로 다룰 수가 없는 부분이에요. 쉽게 이야기하면, 내가 돈이 아무리 많아도 내 남편이 마음에 안 들 수가 있는 것이고, 내 자식이 마음에 안 들 수 있기도 하겠지요. 이럴 때는 남편이 문제일 수도 있는 것이고, 내가 문제일 수도 있는 거예요. 남편이 멀쩡한데 내가 불만이 많았을 수도 있어요. 남편이 정말로 나쁜 사람인데 그것에 만족하면서 사는 사람도 있어요. 그렇다면 이러한 현상을 나쁘다고 할 것인가? 좋다고 할 것인가? 길(吉)인가요? 흉(凶)인가요? 상담에서는 이런 사례들이 많습니다. 그러니 규정할 수가 없는 거죠.

길흉이 있다고 규정한다는 것은 사람은 똑같은 상황에 똑같이 반응해야 한다는 의미이지요. 사람은 모두 다르게 반응합니다. 돈을 버는 것도 마찬가지죠. 한 달에 백만 원만 벌어도 몹시 만족하면서 사는 사람이 있는가 하면, 몇 억을 벌더라도 부족하다는 사람이 있습니다. 그러니까 길흉에는 절대적인 기준이 없다는 이야기입니다.

결국 명리라는 것은 그 사람이 어떤 기준과 가치를 가지고 살아가고 있는지 보는 것입니다. 또 어떤 결핍을 가지며 그러한 결핍을 어떠한 방법으로 채우는지를 보는 것입니다. 어떻게 자기만의 삶을 만들어 가는 게 맞는 것인가를 알려 줄 수 있는 것이 명리학입니다. 또 바르게 가고 있다는 확신을 만들어 줄 수 있는 것도 명리라고 생각합니다.

자기가 살아가는 삶을 확신케 하는 것. 내가 잘못된 것이 아니다, 잘못 살아온 것이 아니고 그렇게 살 수밖에 없었다는 것을 알려 줄 수 있습니다. 그리고 당신이 내린 판단과 지금까지 살아온 과정들이 절대 헛되거나 잘못된 삶이 아니었다는 것에 대한 확신을 주는 게 명리라고 생각합니다. 그게 명리의 역할이라고 봐요. 나는.

제이선생님 감사합니다. 선생님. 내가 살아왔던 과거의 시간과 있는 그대로의 나 자신이 잘못된 것이 아니라는 확신은 그 어떤 말보다 큰 위로가 될 수 있는 것 같습니다.

나만의 최선에 관하여

제이선생님 선생님께서는 '최선'이라는 단어를 가지고 강의도 많이 하시고 글도 많이 쓰셨습니다. 최근에도 '최선'에 대해 이야기하시면서, '누구나 자신이 가진 최고의 에너지를 다해서, 최선을 다해서 살고 있다'라고 말씀하셨습니다. 자기만의 세상에서 자기만의 최선을 다해서 각자의 개체들이 살아가는 것이 사람이고 삶인 것 같습니다.

그렇죠. 누구나 최선을 다하죠. 모두 다 최선을 다하면서 살아요. 내가 지금 낼 수 있는 에너지를 다 뿜어내고 살죠. 다만 사람은 각자가 다릅니다. 그래서 내가 생각하는 최선의 에너지와 상대가 생각하는 최선의 에너지가 같을 수 없습니다. 모든 사람은 자기만의 기준을 가지고 있지요.

제이선생님 네, 그 사이에서 갈등과 불만과 오해들이 생겨나기도 하는 것 같습니다.

최선에 대한 기준은 사람마다 다릅니다. 항상 자신을 무한대로 끝까지 끌어올리는 사람들은 수(水)가 왕성하거나, 화(火)가 왕성한 사람들이에요. 금(金)과 목(木)만으로 되어 있는 경우는 사회적 평균에 맞추는 사람들입니다. 무한대로 자기의 능력을 끝까지 올리기는 어렵지요. 그러니까 모든 사람이 최선을 다하는 건 맞지만, 최선이라는 노력에도 레벨은 분명히 있지요.

제이선생님 고전 명리나 과거의 명리는 사회적으로 드러나는 성취를 바탕으로 길흉을 구분한 것 같습니다. 그런데 이제는 개인의 시대입니다. 개개인의 심리를 깊게 파고들면 길과 흉을 이분법적으로 구분하기는 쉽지 않습니다. 길과 흉에 관하여서도 자기만의 기준이 있다는 것으로 이해하면 되겠습니까?

지금은 명리가 삶 자체를 이야기합니다. 사람의 삶이라는 것을 길과 흉으로 이분화할 수 없습니다.

제이선생님 '흉신(凶神)들이 더 행복할 수 있다'라고 말씀하셨던 것이 생각납니다.

그렇지요. 포기할 줄 아니까.

제이선생님 한 사람의 사회적 성취 여부로 길과 흉을 정확하게 구분하는 것은 명리학이 추구하는 방향이 아닌 것 같습니다. 많은 사람이 흔히 이야기하는 길 또는 흉이 특정 개인의 삶을 규정하는 잣대가 되어서는 안 될 것 같습니다.

그렇지요. 길과 흉은 특정할 수 없습니다.

제이선생님 선생님의 강의를 보면, '명리 잡변', '사주와 심리' 등 테마가 두드러지는 강의들이 많이 있습니다. 예를 들면, '방송작가의 작품 스타일', '생활 습관', '이사', '역할을 잘하려면' 등의 주제가 있습니다. 또 '불안'에 대해서, '고집'에 대해서, '질투', '열등감', '책임감' 등 다양한 감정들을 다루기도 하십니다. 우리가 '불안'이란 단어 하나만 가지고도 불안을 느끼는 감정선이 매우 다양하다는 것과 '책임감'이란 단어 하나만 가지고도 각자가 가지는 책임감이 다르다는 그런 이야기들을 계속해서 이어 나가 주셨습니다. 선생님께서는 늘 새로운 주제로 다양한 관점을 제시하십니다. 저는 그러한 수업을 매우 흥미롭게 들었습니다. 그런데 들을 때는 고개를 끄덕이게 되는데, 이것이 저의 이해로 잘 녹여지지 않는 것 같습니다. 선생님께서 풀어내시는 다양한 시각과 관점이 공부로 체득이 가능한 영역인지 여쭙고 싶습니다.

학습법을 질문하신 것 같습니다. 공부에는 왕도가 없지요. 사람에 따라서 자신의 것을 창조하는 사람이 있고, 자기 것을 못 만들고 외워서 길을 열어 가는 사람이 있습니다. 결국은 그것도 팔자에서 엿볼 수 있습니다. 팔자에 달린 거죠. 그러니까 기본적으로 자기 능력, 자기 영역을 만들려면 화극금(火剋金)이나 수생목(水生木)이 되어야 합니다. 그런 경우 자기만의 이론, 독특한 관법을 만들 수 있습니다. 화극금(火剋金)이나 수생목(水生木)이 안 된다면, 다른 사람의 것을 그대로 수용하는 방법으로 공부해야 합니다.

수생목(水生木)과 화극금(火剋金)은 기존의 틀을 변화시킬 수 있습니다. 그런데 보통 목생화(木生火)는 가공하지 않고 그대로 쓰는 것을 이야기합니다. 금생수(金生水)라는 것은 가공을 규격화해서 마치 내 것처럼 만드는 것을 말합니다. 내가 만들어 낸 것이 아니더라도, 내 것처럼 보이게 하는 것이 금생수(金生水)가 하는 거예요. 그러니까 학습법과 그것을 활용하는 것도 자기 팔자에 달린 것입니다.

제이선생님 수가 목이 되고, 화가 금이 되는 과정이 창조인 것 같습니다. 선생님의 온라인 강의를 보면, 젊은 시절의 선생님 모습도 볼 수 있습니다. 한 사람의 세월이 가득 들어가 있는 느낌이 듭니다.

저도 그런 생각이 들긴 해요.

제이선생님 선생님 유튜브 강의의 정렬을 오래된 순으로 하면 '연봉 보기' 강의가 나옵니다. 그 영상을 사람들이 많이 본 것 같던데요. 사실 사람들은 이런 현실적 문제에 관심이 많습니다. 지금도 그 논리에 대한 맥락이 비슷하십니까? 토가 생활비고, 이렇게 정의하신 부분 말입니다.

그렇지요. 전혀 변하지 않아요. 기본적으로 사회생활을 한다는 것이 화(火)입니다. 이 화라는 것이 토를 통해서 안정을 가져다주는 거죠. 그리고 토생금(土生金)이 돼야 자기 자신의 부가가치가 생기고, 금생수(金生水)가 주변 사람을 이용해서 돈을 버는 방식으로 나아갑니다. 이윤을 극대화하는 것이지요. 수생목(水生木)이 되어야 여가를 즐기고 놀고, 주변의 도움도 받을 수 있습니다. 주변의 도움을 많이 받는 것이 대표적으로 수생목(水生木) 또는 금생수(金生水)입니다. 금생수(金生水)는 도움을 받을 만한 사람을 찾으러 다니고, 수생목(水生木)은 그냥 있으면 사람들이 와서 도와주지요.

> **제이선생님** 선생님, 이런 것은 어떻게 생각해 내신 논리인가요? 그냥 딱?

그냥 저절로 오행의 움직임이 그려집니다. 그게 수생목(水生木)이에요.

> **제이선생님** 신기합니다. 그렇게 딱 파악하신다는 것이 신기해요. '아는 만큼 통찰하고 통찰한 만큼 이해할 수 있다' 이런 이야기를 하신 적이 있습니다. 결국에 선생님이 알고 계신 건 오행의 상생상극과 십신에 대한 깊이 있는 이해라고 생각합니다. 그것에 대한 통찰이 있었기 때문에 삶의 다양한 것들이 이렇게 오행의 움직임으로 그려지는 것이 아닌가 생각합니다.

모르겠어요. 나는 사회생활을 해본 적도 없고. 그냥 간단히 음양에 대한 이해가 되어 있는 것이지요. 이론의 전개라는 것은 음양을 기반으로 움직이는 것이지요. 그냥 나는 음양은 아는 것 같아요. 음양을 아니까 음양을 바탕으로 모든 것들에 연역적으로 이론이 펼쳐지는 것이지요. 결국은 자기 틀대로 가는 거지요.

명리, 사람 사는 이야기

제이선생님 선생님의 온라인 강의 중에 '궁통' 강의를 제가 가장 좋아합니다. 최근에 새로 120개 강의를 마무리하신 것으로 알고 있습니다.

그거 하다가 죽을 뻔했지. 죽다 살아났지요. 1년 넘게 한 거예요. 2016, 2017년 가장 몸이 아플 때 했던 강의입니다.

제이선생님 그러니까요. 그때 영상을 보면 건강이 안 좋아 보이셨어요. 몸은 좀 괜찮아지셨을까요? 지금은 얼굴도 너무 좋으십니다. 많이 회복되신 것 같은데요.

좋아졌지요. 그때는 목소리도 안 나왔어요. 너무 힘들어서. 어쨌든 그 강의를 시작은 했으니 끌고 나갔지요. 안 아플 때 시작해서 아플 때 끝났죠. 처음에 보면, 상태가 좋아요. 그러다가 이제 궁통 강의 끝자락 즈음, 사람이 다 죽어가지요.

제이선생님 힘드셨겠습니다. 지금은 얼굴 너무 좋으세요. (웃음) 궁통 강의에서 계절이 아주 중요하다는 것을 강조하셨습니다. 그리고

'월을 안 보고 사주를 보는 건 농부가 계절을 모르고 농사짓는 것이다'라고 하셨습니다. 너무 좋은 강의였습니다. 이제 마지막 주제로 이야기 나눠 보고 싶습니다. 사주명리학이 결정론을 바탕으로 한 인과론인가에 대하여 여쭙고 싶습니다.

인과론이죠. 뿌린 대로 거두는 것을 이야기합니다.

제이선생님 뿌린 대로 거두는 것이 명리학인데, 뿌리는 것도 사주를 통해 유추할 수 있는 부분이지요?

그래서 그걸 이제 '결정론'이라고 이야기하는 것입니다. 그런데 여기서 주의할 점은 '너는 반드시 그렇게 해야만 해'라고 정해진 것은 또 아닙니다. 반드시 그렇게 해야 하는가 아닌가는 중요한 것이 아닙니다. '사주가 결정된 것인가?'에 대한 논의는 불필요한 소모전에 불과하다고 생각합니다.

그냥 사람 사는 것을 이야기하는 것입니다. '현명하게 살았으면 현명한 결과가 나오고, 어리석게 살았다면 어리석은 결과가 나오는 것입니다' 그런 이야기를 하는 것이 명리(命理)입니다. 그러니까 괜히 빨간 속옷 하얀 속옷 따져가며 입는 건 무의미합니다. 그것은 인과론이 아니지요. '취향론'이라고나 할까요?

제이선생님 속옷? 개운법(開運法)을 두고 하시는 말씀이지요?(웃음)

명리는 인과론인데 자꾸 결정론적인 것만 이야기하는 개운법(開運法)은 곤란합니다. 빨간색이 좋다고 해서 빨간 옷을 입는다거나, 액세서리를 한다거나, 손금도 바꾸고, 이름도 바꾸고. 이상한 짓들을 하는 거죠. 나는 의미 없다고 생각합니다.

제이선생님 선생님께서 예전에 개운법(開運法)을 말씀하시며, '지도를 바꾼다고 지형이 바뀌지 않는다'라고 말씀하셨습니다. 그래도 사람들은 어떤 기대감으로, 그런 것에 집착하는 것이겠지요.

그렇지요. 그게 사람이지요. 지푸라기라도 잡겠다는 마음, 그게 사람이지요.

제이선생님 '현명하다는 것은 각자의 관점과 시선을 인정하는 것이다'라고 이야기하시면서 상대를 인정하고, 운명을 인정하고, 관계나 상황도 다 인정할 필요가 있다고 말씀하신 것도 마음에 잘 새겨두었습니다.

그렇죠. 인정이 필요하죠. 우리는 우리 삶에 닥친 문제들을 풀어나갑니다. 때로는 문제를 만들기도 합니다. 문제를 풀어나가는 해법을 찾는 과정에서 현재 상황을 인지하지 못하면 곤란합니다. 인정해야 방법이 보입니다. 인정하라는 게 뭐 다 겸허하게 수용하라는 의미는 아닙니다. '인정한다'라는 이야기는 현재를 객관적으로 인지한다는 뜻이에요. 인정한다는 것이 무조건적 수용이나 넓은 마음을 가지라는 뜻은 아닙니다. 나를 포함한 많은 것들을 객관적으로 인지하는 것은 중요한 일입니다.

> **제이선생님** 한 인간이 사회가 규정한 평균의 삶을 따라가려고 지나치게 애쓰는 것보다, 자신과 세상을 바르게 인지하고 인정하는 것에서 행복을 찾을 수 있지 않을까 합니다.

그렇죠. 인정해야 합니다. 객관적으로 나를 인지한다는 의미입니다. **객관적 인지가 가능하면 내가 내 한계를 알게 됩니다. 한계를 넘지 않으면 실수하지 않습니다. 마찬가지로 내 장점을 알게 됩니다. 그러한 이해를 통해 나를 찾아갈 수 있습니다.**

> **제이선생님** 결국에 '누구든 있는 그대로 최선이고, 있는 그대로 빛난다' 그렇다면, 생긴 대로 살면 될 것 같습니다. 또 '상대가 이해되지 않더라도 인정하자' 이렇게 선생님의 말씀들을 정리하면 되겠습니까?

네 그렇지요. 그런데요, 상대가 도무지 인정이 안 되면 인정 안 하면 됩니다. 보기 싫으면 안 보면 되는 거지요. 생긴 대로 살면 됩니다. (웃음)

인터뷰를 마치고

선운 선생님께 감사 말씀을 다 전하려면 하루 종일 말을 해도 모자랍니다. 선생님께서는 약 10년 전부터 유튜브 활동을 하셨습니다. 아마 선생님을 만나지 못했더라면, 명리학은 몇 가지 암기와 글자 개수를 세며 강약을 헤아리는 단순한 공부라고 생각했을지도 모르겠습니다. 선생님 강의를 듣고 있으면 시간이 어떻게 흘러가는지 알지 못할 정도로 몰입하게 됩니다. 음양과 오행을 근간에 둔 설명에서 이 공부에 논리성이 있다는 것을 눈치챌 수 있었습니다.

동영상 강의만 듣다가 2018년 선생님께 상담을 한번 신청해 보았습니다. 선생님과의 상담은 10개월 이상 기다려야 가능했습니다. 선생님과 꼭 한번 말씀을 나누어 보고 싶어 상담을 예약하였습니다. 눈에 훤히 보이는 것처럼 우리집 상황과 위치를 말씀하시고, 내 성격과 상황을 이야기하셔서 너무 놀랐습니다. 실제로 휴대폰에 추적 장치가 달렸나 싶어 앞뒤로 살피기도 했습니다.

이렇게 찰떡같이 나와 내 환경과 상황을 이야기하시니 신점(神占)을 보시나 하는 생각까지 하게 되었습니다. 그런데 한참 이야기하다 보니, 선생님은 내 사주의 오행 움직임과 운의 작용력으로 사주를 읽은 것을 알 수 있었습니다.

선생님은 사람에 대한 따뜻한 마음과 담담한 마음을 동시에 가지고 계십니다. 현실적 조언도 날카롭게 하고, 조용하게 위로를 건네기도 합니다. 누구든 있는 그대로 최선이고, 있는 그대로 빛난다는 말씀은 명리를 공부하고 상담하는 사람이라면 깊이 성찰하고 생활 속에서 실천해야 하는 화두라 생각합니다. **'생긴 대로 살면 된다'는 가벼운 듯 던지는 선생님의 말씀은 어쩌면 우리가 궁극에 이르렀을 때 알게 되는 진리가 아닌가 하는 생각을 하게 됩니다.**

에필로그

다시, 멀리 보다

나는 복이 많은 사람입니다. 훌륭한 선생님들을 찾아뵙고 말씀을 청하고, 배움을 얻는 시간이 허락되었습니다. 가방을 싸고, 기차를 타고, 길을 걷는 일이 힘들지 않았습니다. 여름이 덥지 않았고, 겨울이 춥지 않았습니다. 왜 그런지 곰곰 생각해 보니 내가 이 공부를 사랑하기 때문이라는 것을 알게 되었습니다. 또 내가 왜 이 공부를 사랑하는지 곰곰 생각해 보니 늘 새롭기 때문이라는 것을 알게 되었습니다.

이 공부는 새롭습니다. 이 세상 모든 개체가 다른 것처럼 사주팔자 여덟 글자가 펼쳐 내는 사람과 삶에 관한 이야기는 무궁무진합니다. 세상에 존재하는 색깔들이 몇 개인지 헤아릴 수 없듯이, 이 공부가 이야기하는 관계성을 모두 다 헤아릴 수는 없습니다.

화풍정 선생님께서 "이제는 창조하는 명리를 해보십시오."라고 말씀하실 때, 그 말이 처음에는 이해되지 않았습니다. 기존의 이론을 익히기도 힘든데 무슨 창조를 한다는 말입니까. 허나 이제는 그 뜻을 어렴풋이 알 것 같습니다. 음양오행의 체계와 생극제화, 형충회합파해의 개념, 십신과 격국, 십이운성과 십이신살 등 명리학의 이론적 체계를 탄탄하게 갖추었다면 그다음은 자기만의 철학을 녹여 내는 창조의 명리입니다.

그동안 뵈었던 선생님들이 각자의 개성으로 명리를 다루는 모습에서, 예술가 같은 면모를 볼 수 있었습니다. 명리 공부는 뛰어난 관찰력과 분석력을 바탕으로 창조를 도모해 냅니다. 결국 '나'와의 끊임없는 대화를 통하여 나만의 세계관과 윤리관, 철학을 다져 나가는 일이 중요하다는 생각을 해봅니다.

이론 체계를 탄탄하게 갖춘 사람이라면 사주를 풀어 내는 방법이 크게 다르지 않을 것입니다. 그런데 같은 사주를 두고 그것에 대한 접근은 역학자의 수만큼 다양할 수밖에 없습니다. **풀이 방법은 유사하나 설명은 달라집니다. 똑같은 사람의 사주라도 그것을 상담하는 사람의 세계관, 윤리관, 철학에 따라 그 설명이 달라진다는 것에 대해 깊이 생각해 보게 되었습니다.**

같은 사주 풀이를 두고 내담자를 따끔하게 혼내는 사람이 있는가 하면, 공감을 바탕으로 길을 찾게끔 하는 사람이 있습니다. '미래가 눈앞에 파노라마처럼 보인다'는 어떤 분을 어쩌다 알게 되었습니다. 큰 결정을 앞둔 나에게 '네 뜻대로 되는 일은 절대 없을 것'이라며 힘주어 말하는 소리를 들었습니다. 근거 없는 무책임한 말은 타인을 깊은 수렁에 빠트립니다. 근거 있는 말이라도 말에는 항상 책임이 따릅니다.

 창조의 명리란 그럴싸한 명리 이론을 만들어 내는 것이 아닙니다. 타인을 돕는 한마디를 할 수 있는 지혜를 겸비하는 일이 창조의 명리입니다. 결국 사람과 세상에 호기심을 가지고, 끊임없이 공부하고 성찰하며 통섭하는 시간을 살아야만 창조의 명리와 마주할 수 있습니다. 그런 의미에서 이 공부는 끝이 없습니다.

 하나의 근본을 알면, 만 가지를 추론할 수 있습니다. 지구상의 모든 바닷물을 마셔 보지 않아도 바닷물이 짜다는 사실을 우리는 알고 있습니다. 음양오행이라는 하나의 근본을 바탕으로 사람과 삶과 자연의 순환을 감지할 수 있습니다. 흔들리지 않는 근본을 중심에 둔 선생님들의 창조는 하나의 예술이며 아름다운 도(道)의 길 안에 있다는 생각을 해봅니다.

 2024년 1월, 화풍정 선생님을 2년 만에 다시 뵈었습니다. (여러 사정으로 선생님과는 인터뷰를 함께 하지 못하였습니다.) '멀리 보다'라는 선생님 사무실 문 앞의 문구는 그 문을 처음 열었던 그날 이후로 계속해서 나에게 말을 걸어왔습니다. 다시 선생님을 뵌 일은 내 인생을 크게 바꾸는 계기가 되었습니다. 박사 과정에 들어가 더 깊고 넓은 배움의 길을 가겠다는 결심을 하고, 명예퇴직을 실행하기까지 선생님의 조언은 큰 힘이 되었습니다. 이 길이 진정으로 내가 원하는 것인가에 대하여 끊임없이 반문하였습니다. 그럴 때마다 자꾸 뒤돌아보며 소금 기둥을 만들지 말라는 선생님의 조언을 여러 번 생각하였습니다.

2024년 원광대학교에서 중국 철학과 유가 사상을 공부한 것은 공부의 방향을 새롭게 확장하는 중요한 계기가 되었습니다. '천명(天命)'의 개념을 시대와 사상으로 익히며 동양철학으로 수렴하는 명리 공부의 또 다른 가치를 발견할 수 있었습니다. 길과 흉으로 설명할 수 있는 일이 아닙니다. 하나의 선택은 또 다른 길을 펼쳐 냅니다. 삶이라는 긴 시간 안에서 우리는 무수히 많은 것들을 선택합니다. 선택의 누적이 내 삶의 방향성을 만들어 냅니다. 그 과정에서 우리는 좌절을 마주하기도 하고, 희망을 발견하기도 합니다. 방향성을 찾지 못한 채 자신감을 잃었던 나는 새로운 길에 접어들고 나서야 문제의 원인과 해결책을 마주할 수 있었습니다. 그동안 배워 왔던 명리학적 시선을 토대로 동양철학을 깊이 있게 공부하겠다는 다짐을 하게 되었습니다. 비로소 멀리 보는 것이 가능해진 것인지도 모르겠습니다.

한동안 내가 이 공부에 자신감을 잃었던 이유는 나만의 철학과 세계관이 정립되지 않았기 때문이었다는 데에 생각이 미쳤습니다. '연월일시'는 자연의 코드임과 동시에 사람이 만들어 놓은 글자에 불과합니다. 글자를 단순한 원리와 원칙으로 해석하는 것은 인공지능도 할 수 있는 일입니다. 사주팔자의 글자는 역학자의 세계관이라는 필터를 거쳐 설명되고 상담을 통해 활용됩니다.

인터뷰를 통하여 내가 만난 선생님들은 적게는 20년부터 많게는 50년 이상 이 공부와 함께하신 분들입니다. 그분들의 말은 각자의 윤리관과 철학, 세계관의 필터를 통과하여 나에게 전해졌습니다. 선생님들을 가까이에서 뵙고 이야기를 나누면서 다양한 시선과 시각, 세세한 감정선을 느낄 수 있었습니다. 일반적으로 사람들이 '좋다'고 하는 부나 권력을 좇은 사람들이 아닙니다. 단지 이 공부가 좋아서 공부를 위한 공부를 해온 분들이었습니다. 이 공부는 자연에 관한 공부이고, 사람에 관한 공부이고, 관계에 관한 공부이고, 스스로에 관한 공부입니다.

오랜 세월 자신이 궁리하는 것에 대한 끈을 놓지 않고, 부족한 자료를 모으고, 밤을 새워 토론하고, 공부하고, 강의하고, 상담하는 세월을 사신 선생님들을 만나면서 깊은 감동이 전해졌습니다. 진심으로 자신이 원하는 것에 매진하고 몰입하는 삶을 선택한 사람만이 전할 수 있는 감동이었습니다. 그분들의 삶을 보며, 매진하며 몰입하는 삶을 사는 가운데 세계관과 철학은 깊어지고 풍성해질 것이라는 믿음이 생겼습니다.

저 깊은 보이지 않는 곳에서 들려오는 주재자의 목소리. 하느님의 음성, 하늘의 안내, 내 안의 외침. 그 모든 것이 천명(天命)

이지 않을까요? 생장수장(生長收藏)하는 우주 만물과 생로병사(生老病死)하는 인간은 순환 속에 있을 뿐입니다. 그 순환은 만물을 낳고 또 낳습니다. 나를 비롯한 세상 모든 것이 생생(生生)의 이치 안에 있음을 지각할 필요가 있습니다. 하늘의 시간을 알고, 땅에서 나의 위치를 안다는 것은 내 삶의 주체가 되는 일입니다. **명리 공부는 나 자신이 삶의 주체가 되도록 돕는 공부입니다. 명리 공부는 개인의 영달을 위해 사회를 혼란에 빠트리는 데 쓰이거나 사사로운 이익을 위해 유불리를 견주는 공부가 결코 아닙니다. 이 공부를 정진하면, 나의 명(命)을 올곧게 밝힐 수 있을 것 같습니다. 자신을 응원하고 서로를 격려할 수 있는 이 공부는 알면 알수록 매력적입니다.**

어떠한 운명의 길을 걸어오셨나요. 또 앞으로는 어떤 길을 걸어가시겠습니까? 과거가 어떠했든, 잘못된 것은 없습니다. 미래가 어떠하든, 잘못될 일도 없습니다. 지금 내가 존재하는 이 시간과 공간에서 우리는 언제든 다시 시작할 수 있습니다. 그저 다시, 멀리 바라보며 한 걸음씩 나아가면 됩니다. 여러분이 자신의 천명(天命)과 마주하여 당당히 삶을 껴안게 되시기를 소망합니다. 자신의 '명(命)'을 껴안은 사람의 내면은 반드시 밝게 드러날 것입니다. 신명 나는 여러분의 삶을 진심으로 응원합니다.

〈낙천〉 구봉 송익필(宋翼弼)

惟天至仁(유천지인) 오직 하늘은 지극히 어질고
天本無私(천본무사) 하늘은 본래 사사로움이 없어서
順天者安(순천자안) 하늘을 따르는 자는 편안하고
逆天者危(역천자위) 하늘을 거스르는 자는 위태롭네
痾癢福祿(아양복록) 고질병과 복록은
莫非天理(막비천리) 천리 아닌 것이 없으니
憂是小人(우시소인) 근심하는 자는 소인이요
樂是君子(낙시군자) 즐기는 자는 군자이네
君子有樂(군자유락) 군자는 즐김이 있어
不愧屋漏(불괴옥루) 집이 새더라도 부끄러워하지 않네
修身以俟(수신이사) 몸을 닦고서 기다리니
不貳不夭(불이불요) 잘못을 반복하지 않고 아첨하지도 않는다네
我無加損(아무가손) 나에게 더할 것도 덜 것도 없는데
天豈厚薄(천기후박) 하늘이 어찌 후하고 박하게 대하겠는가?
存誠樂天(존성락천) 성심(誠心)을 보존하고 천명(天命)을 즐긴다면
俯仰無怍(부앙무작) 내 행동에 부끄러워할 것 없을 것이네

명리학에 길을 묻다
삶 과 운 명 에 대 하 여

초판 1쇄 발행	2025년 7월 4일
지은이	제이선생님
펴낸이	김영애
펴낸 곳	moRan
전화	031-955-1581
팩스	031-955-1582
전자우편	bookzee@naver.com
출판 등록	제406-2016-000056호
제작진행	스크린그래픽
디자인	Designgroup ALL
ISBN	979-11-982068-1-7　03180

※ 이 책은 저작권법에 따라 보호받는 저작물이므로 무단 전재와 무단 복제를 금지하며,
　 이 책의 내용 전부 또는 일부를 이용하려면 반드시 저자와 출판사의 서면 동의를 동시에 받아야 합니다.

※ 책값은 뒤표지에 있습니다.